Werner Dommershausen · Ester

Günter Krinetzki · Hoheslied

Werner Dommershausen

# Ester

Echter Verlag

3. Auflage 1995

Gesamtherstellung: Fränkische Gesellschaftsdruckerei Würzburg
Umschlag: Walter Thierfelder
ISBN 3-429-00650-3

# EINLEITUNG

Das Buch Ester gehört mit den Büchern Rut, Hoheslied, Kohelet (Prediger) und Klageliedern zu den fünf »Rollen«, die als Lesungen für die großen jüdischen Feste dienen. Est kommt am Purimfest zur Verlesung, weil es erzählt, wie dieses Fest entstanden ist.
Ester, Kusine und Pflegetochter des Juden Mordechai, wird zur Gemahlin des Perserkönigs Artaxerxes erhoben. Der Großwesir Haman erwirkt aus Zorn über die ihm von Mordechai verweigerte Huldigung vom König den Befehl, alle Juden an einem einzigen Tag zu vernichten. Ester tritt auf Veranlassung Mordechais für ihr Volk ein, führt den Sturz Hamans und die Erhebung ihres Pflegevaters an dessen Stelle herbei. Weiter erreicht sie vom König die Erlaubnis, daß die Juden sich gegen den Mordbefehl zur Wehr setzen können. Das führt zu einem Sieg der Juden, dessen Gedächtnis eben am Purimfest begangen wird.
Neben dem hebräischen Text sind bei Est ganz besonders die Septuaginta (G) und die lukianische Rezension ($G^{L}$) zu berücksichtigen, weil sie neben der Übersetzung des Urtextes noch sechs größere (deuterokanonische) Zusätze aufweisen:

1. (= A) Der Traum des Mordechai und die Aufdeckung der Verschwörung gegen Artaxerxes $1^{1a-1r}$.
2. (= B) Der Wortlaut des judenfeindlichen Erlasses des Perserkönigs $3^{13a-13g}$.
3. (= C) Das Gebet des Mordechai $4^{17a-17i}$ und Esters Gebet $4^{17k-17z}$.
4. (= D) Esters Audienz beim König $5^{1a-1f.2a-2b}$.
5. (= E) Der Erlaß zum Schutz der Juden $8^{12a-12x}$.
6. (= F) Die Deutung des Traumes Mordechais und die Unterschrift zum griechischen Esterbuch $10^{3a-3l}$.

Diese späteren Zusätze sind zum Teil ursprünglich griechisch verfaßt (B, E) oder beruhen auf einer semitischen Vorlage (A, C, D, F). Hieronymus hat sie seiner Vulgata als Anhang beigegeben: A = $11^{2-12}$ $12^{1-6}$; B = $13^{1-7}$; C = $13^{8-18}$ $14^{1-9}$; D = $15^{4-19}$; E = $16^{1-24}$; F = $10^{4-13}$ $11^{1}$. $15^{1-3}$ ist ein selbständiges Stück unbekannter Herkunft.
Das hebräische Esterbuch ist in der Zeit zwischen 300 und 100 v. Chr. entstanden. Zu einer genaueren Datierung empfiehlt es sich, an das 3. Jahrhundert zu denken, da in dieser Periode die Juden für die Aufnahme neuer Gedanken oder Feste zugänglicher waren als später. Der Ort der Abfassung ist nicht mehr festzustellen, wenn auch manches in die östliche Diaspora weist. Der Autor war sicher ein literarisch gebildeter Jude. Est hat wohl um die Mitte des 2. Jahrhunderts v. Chr. die griechischen Zusätze erfahren. Diese möchten die religiöse Botschaft des Buches stärker herausstellen (C, D) und durch den genauen Wortlaut der Erlasse die Glaubwürdigkeit der Erzählung verstärken (B, E). A und F verdanken ihr Dasein der Lust am Fabulieren.

Die Mehrzahl der Exegeten hält an der literarischen Einheit der Esterrolle fest. Weder für eine Textscheidung (volkstümliches Erzählgut über Judenerrettung und Ester-Chronik) noch für eine Komposition (historisch-politischer und liturgischer Text) lassen sich hinreichend sichere Gründe anführen. Die ganze Geschichte stammt von einem einzigen Verfasser und ist wohl in einem Wurf entstanden. Dieser Befund schließt jedoch nicht aus, daß der Autor verschiedene Traditionen und Motive – auch aus der biblischen Josefs- und Exodusgeschichte – benutzte. Er hat sie aber so geschickt ineinandergearbeitet, daß sich kaum Nähte und Risse finden.

Die Bestimmung der literarischen Gattung des Buches hängt neben den Struktur- und Stilelementen auch davon ab, ob die berichteten Vorgänge der geschichtlichen Wirklichkeit entsprechen. Es seien hier einige der wichtigsten Unstimmigkeiten erwähnt, die mit den historischen Gegebenheiten nicht zu vereinbaren sind: Außer König Artaxerxes sind alle in dem Buch auftretenden Personen trotz ihres hohen Ranges dem Historiker unbekannt. – Der König möchte bei der Anordnung eines Blutbades unter seinen Untertanen nicht einmal den Namen des auszurottenden Volkes erfahren. – Unglaubwürdig erscheint auch die hohe Geldsumme, die der persische Großwesir Haman für die Vernichtung der Juden anbietet. – Eigenartig mutet ein königlicher Erlaß an, der praktisch einen Bürgerkrieg im Reiche erlaubt. – Ebenso wie viele Zahlenangaben unwahrscheinlich sind, scheint es auch nicht möglich, daß der in den Diensten Artaxerxes' (um 450) stehende Jude Mordechai im Jahre 598 von Nebukadnezzar nach Babylon deportiert wurde. – Auch die jüdische Abkunft der Königin hätte nicht so lange verborgen bleiben können. – Zum Geschehen überhaupt sei vermerkt, daß weder biblische Bücher noch außerbiblische Quellen von einer jüdischen Königin zu berichten wissen, die ihr Volk gerettet hat. Man muß daher Est als eine freie Erzählung bezeichnen. Der Verfasser ist sicherlich mehr Erzähler und Dramaturg als Historiker. Er hat frei Erfundenes mit tatsächlich Geschehenem verbunden. Man könnte die Erzählung auch als eine Novelle charakterisieren, die aus Konfliktsituationen der jüdischen Diaspora entstanden ist. Schließlich müßte noch bemerkt werden, daß der Verfasser eine Kunstprosa schreibt und seine Ideen in einer weisheitlichen und theologisch verhüllten Erzählung darbietet. Der »Sitz im Leben«, die ursprüngliche Heimat des Textes, ist zweifellos die Purimfeier. Das Buch will die Festlesung dieses Tages sein und die versammelte Gemeinde daran erinnern, daß ihre Vorfahren einst aus einem Pogrom errettet wurden. Andere Gattungsbestimmungen wie »historischer Roman«, »erzählende Allegorie«, »Tatsachenbericht« oder »haggadischer Midrasch« haben sich wenig bewährt.

Viele Argumente sprechen dafür, daß die ganze Estergeschichte von Anfang an auf Purim, das frohe Frühlingsfest der Juden, abzielte. Immer wieder ist von »Gelage halten«, von Feierlichkeit und Fröhlichkeit die Rede. Die beiden Begriffe »Susa« und »Provinz« werden mehrmals aufgenommen, sie wollen letztlich die zwei Feiertage des jüdischen Festes erklären. Es bleibt nur zu fragen, ob eine solche Erzählung voll und ganz die Feier des Purim begründen kann. – Die Richtung, in der die Lösung dieser Frage zu suchen ist, zeigt das Wort *pur*. Der Verfasser betrachtet es als ein akkadisches Fremdwort in der Bedeutung »Los«. Er verbindet es mit dem Namen Purim und läßt Haman zur Ausrottung der Juden das Los werfen, das auf den 13. Adar, den Vortag des Purimfestes fällt. Doch macht eine solche Erklärung eher den Eindruck eines Zusatzes, als daß sie zu einer wirklichen Erhellung des Namens beitrüge. Sehr wahrscheinlich ist das Fest älter als die Estergeschichte. Festnamen und Festdatum einerseits und die Errettungsgeschichte andererseits haben sicherlich von Anfang an nicht zusammengehört. – Die Entstehung des Purim wird man sich folgendermaßen vorstellen dürfen: Die Juden der östlichen Diaspora haben ein persisches Fest übernommen und es längere Zeit mit dem Volk, in dem sie lebten, gefeiert. Der Termin des Monats Adar (Ende Februar/Anfang März) spricht für den ursprünglichen Charakter der Feier als Frühlingsfest. Dabei dürfte auch der altpersische Name *fra – par – pur* = primus (vgl. printemps, primavera) übernommen worden sein. Bei der späteren Judaisierung wurde der fest eingewurzelte Name belassen und volkstümlich aus der verwandten akkadischen Sprache erklärt. Die Judaisierung wurde weiter vorangetrieben, indem man die Estererzählung gleichzeitig zur Festlesung machte. Somit wurde das schon von seinem Ursprung her frohe Frühlingsfest mit einem neuen, ebenfalls freudigen Inhalt ausgestattet. Bis heute ist es das ausgelassene Frühlingsfest der Juden geblieben, das Fest des Gastmahls, der Geschenke und des Mummenschanzes.

Die Estergeschichte steuert auf drei Zielpunkte zu: auf die Purimfeier, die weisheitliche Ermahnung und die theologische Deutung des Geschehens. Der Verfasser sieht die zweitägige jüdische Purimfeier gleichsam vorgebildet in den persischen Hoffesten für die Provinzen und Susa. Der jüdische Großwesir Mordechai erscheint als der eigentliche Initiator und Gesetzgeber des Purim, während die Königin Ester ihn durch ihre Autorität unterstützt. Mit Hilfe der verschiedenen Menschentypen führen alle Fäden der Erzählung zur Errettung aus dem Pogrom, dessen Erinnerung es zu feiern gilt.

Während sich der eigentliche Weisheitsspruch im Est kaum findet, schimmert in Einzelzügen die »angewandte Weisheit« durch. Sie liebt es, Menschentypen herauszustellen. Die Erzählung kennt z.B. den launischen und unbesonnenen Schwächling, den Artaxerxes und Waschti verkörpern. Haman vertritt den Typ des dummstolzen Intriganten und geschwätzigen Prahlers. Mordechai und Ester jedoch werden als Weise gezeichnet, die – weitblickend und doch verschlossen – auch in der höchsten Not geduldig bleiben. Mordechai tritt als der besorgte Pflegevater und kluge Mahner auf, Ester als die dankbare und gehorsame Pflegetochter und anpassungsfähige Königin. Einzelne Erzählungen veranschaulichen auch Weisheitslehren wie das Beispiel der bösen Tat und das Eintreten für die Bedrängten.

Mit diesen weisheitlichen Zügen mag es auch zusammenhängen, daß die theologische Botschaft des Est in ein uns fremdes Gewand gehüllt ist. Der Verfasser nennt den Gottesnamen nicht; doch gerade hinter dieser Verhüllung verbirgt sich der Glaube an Gottes Heiligkeit. Das Auge des Glaubens schaut Gottes geheimnisvolles Walten nicht mehr in einem unmittelbar deutlichen Eingreifen, sondern in den vielen »Zufälligkeiten« der Geschichte und in dem »wunderbaren« Ablauf der Ereignisse. Dazu bedient sich der Verfasser einer Ausdrucksweise, die in dem Hörer die Erinnerung an Schriftstellen wachruft, die Gott als Ursache des Geschehens künden. Der Gedanke von der Erwählung und Erhaltung Israels findet seinen äußeren Ausdruck in dem Abgesondertsein der Juden. Ester und Mordechai sind als Glieder dieses Volkes Gottes auserwählte Werkzeuge und stehen unter seinem besonderen Schutz. Jahwes strenge Gerechtigkeit fordert die Bestrafung der gottfeindlichen Judenhasser. Die Ausführung dieser Strafen wird Menschen übertragen. Der Verfasser vertritt den Standpunkt, daß Macht eingesetzt werden darf, um religiösen Bekennern Sicherheit vor äußerer Bedrohung zu verschaffen. Die erhofften Endziele sind: das weltweite Gericht über die Gottesfeinde, die freudige Dankbarkeit für die Errettung und die Einbeziehung der Heiden ins Gottesvolk. Das sittliche Verhalten von Mordechai und Ester ist vom vertrauensvollen Glauben an Gottes Hilfe getragen. Obgleich Mordechai als loyaler Beamter seine heidnische Obrigkeit achtet, steht er weiterhin in Treue zu seinem Volk. Auch Ester bleibt die große Fürsprecherin ihrer Glaubensgenossen und ist bereit, für sie ihr Leben aufs Spiel zu setzen. An ihrer Person wird die alttestamentliche Erwählungstheologie besonders deutlich: Wen Gott erheben will, den erniedrigt er zuvor, der muß wie Ester zuerst durch die Tiefen des menschlichen Elends, der Angst und Gefahr.

In typologischer Auslegung wurde Ester auf die Kirche, ihren Kampf und Sieg gedeutet (ansatzweise schon bei Hieronymus). Der Perserkönig wird in solcher Interpretation teilweise ein Bild für Christus, während in Mordechai die Lehrer der Kirche symbolisiert sind (Hrabanus Maurus). Weitere allegorische Ausdeutungen des Est, seiner Gestalten und Themen finden sich bei Walahfrid Strabo und Rupert von Deutz. Die Biblia pauperum stellt im Bild die Beziehung Ester – Maria her (Krönung Esters – Krönung Mariens). Vgl. G. Gerleman, Esther 2–4. Liturgische Verwendung gewinnt in Ester wie in Judit ein Vorbild Marias, die sich unerschrocken und wirksam für Gottes Volk einsetzt.

# AUSGEWÄHLTE LITERATUR

*Kommentare:* Bardtke H., Das Buch Esther: KAT XVII, 4–5, Gütersloh 1963, 239–419. Ders., Zusätze zu Esther: JüdSchrHelRömZt I, 15–62, Gütersloh 1973. Barucq A., Judith, Esther, Paris [2]1959. Dommershausen W., Der Engel, die Frauen, das Heil. Tobias-Ester-Judit (Stuttg. Kl. Kommentar AT 17), Stuttgart 1970. Gerleman G., Esther (BKAT 21), Neukirchen-Vluyn 1973. Moore C.A., Daniel, Esther and Jeremiah. The Additions (Anchor Bible 44), New York 1977. Ders., Esther (Anchor Bible 7B), New York 1971. Paton L.B., A Critical and Exegetical Commentary on the Book of Esther, Edinburgh [2]1951. Ringgren H., Das Buch Esther: ATD 16, Göttingen [2]1967, 371–404. Schildenberger J., Das Buch Esther, Bonn 1941. Stummer F.-Gross H., Das Buch Ester: EB II, Würzburg [6]1970, 565–600. Vaccari A., Ester: La Sacra Bibbia III, Firenze 1950, 269–301. Würthwein E., Esther: HAT 1, 18, Tübingen 1969, 165–196.

*Andere Veröffentlichungen:* Bévenot H., Die Proskynesis und die Gebete im Estherbuch: JLW 11, 1931, 132–139. Cazelles H., Note sur la composition du rouleau d'Esther: Fs. H. Junker, Trier 1961, 17–29. Christian V., Zur Herkunft des Purim-Festes: Fs. F. Nötscher, Bonn 1950, 33–37. Dommershausen W., Die Estherrolle, Stuttgart 1968. Gordis R., Studies in the Esther Narrative: JBL 95, 1976, 43–58. Lebram J.C.H., Purimfest und Estherbuch: VT 22, 1972, 208–222. Mayer R., Iranischer Beitrag zu Problemen des Daniel- und Esther-Buches: Fs. H. Junker, Trier 1961, 127–135. Meinhold A., Die Gattung der Josephsgeschichte und des Estherbuches: Diasporanovelle II: ZAW 88, 1976, 72–93. Moore C.A., Archaeology and the Book of Esther: BA 38, 1975, 62–79. Talmon S., »Wisdom« in the Book of Esther: VT 13, 1963, 419–455.

## MORDECHAI UND DIE VERSCHWÖRUNG GEGEN KÖNIG ARTAXERXES: 1$^{1a-r}$

### *Der Traum Mordechais:* 1$^{1a-l}$ G = 11$^{2-12}$ Vg

1$^{1a}$ Im zweiten Jahr der Regierung des Großkönigs Artaxerxes, am ersten Tag des Monats Nisan, hatte Mordechai, der Sohn Jaïrs, des Sohnes Schimis, des Sohnes des Kisch, aus dem Stamm Benjamin, einen Traum. $^{1b}$ Der Jude Mordechai wohnte in der Stadt Susa; er war ein angesehener Mann, der am Hof des Königs diente. $^{1c}$ Er gehörte zu denen, die der babyloni-
sche König Nebukadnezzar mit Jojachin, dem König von Juda, aus Jeru- 2 Kön 24$^{8.15}$

1$^{1a}$ βασιλεύοντος Ασσυήρου τοῦ μεγάλου G$^{L}$: »unter der Regierung des Großkönigs Assuerus«.

1$^{1a-1l}$ Das Buch beginnt in G mit einer notizartigen Vorstellung des Juden Mordechai $^{1a-1c}$//2$^{5.6}$ und schildert anschließend midraschartig dessen symbolischen Traum. Durch diesen Traum will der Verfasser von Anfang an die ganze Estergeschichte mit Gottes Ratschluß in Verbindung bringen $^{1l}$ 10$^{3a}$. Vgl. die Träume der Josephsgeschichte Gen 40$^{8}$ 41$^{1}$ und des Dan 2$^{1.19}$ 4$^{2.16}$ 7–12. Die Lösung des Traumes wird erst 10$^{3c-3k}$ gegeben.
$^{1a-1c}$ EÜ nennt im Anschluß an G den König immer »Artaxerxes«. G$^{L}$ meint mit Ασσυῆρος den im kanonischen Est gebrauchten hebräischen Namen *'ªḥašwērōš*. Letzterer entspricht am ehesten dem altpersischen *khšajarša* = Xerxes. Die Forschung identifiziert heute überwiegend den *'ªḥašwērōš* mit Xerxes I. (485–465). Artaxerxes läßt an drei Könige denken: Artaxerxes I. (465–424), Artaxerxes II. Mnemon (404–362) und Artaxerxes III. Ochos (358–338). Esr 4$^{6.7}$ kennt *'ªḥašwērōš* (Xerxes) und dessen Nachfolger *'artaḥšaśtā'* (Artaxerxes). »Großkönig« ist griechischer Sprachgebrauch für den inschriftlich öfter bezeugten persischen Ausdruck »König der Könige«. Der 1. Nisan (März/April) ist nach dem babylonischen Kalender der Frühlingsanfang; König Jojakim (608–598) mußte diesen Kalender in Juda einführen. Nisan weist hin auf 3$^{7}$ (Loswerfen im Monat Nisan). Der Name Mordechai hängt sicher mit dem babylonischen Götternamen Marduk zusammen und kennzeichnet seinen Träger als Exilsjuden, der am Hof mitarbeitet. Auch Daniel und seinen Freunden werden Namen mit theophorischen Elementen gegeben (Dan 1$^{6.7}$). Ein Mordechai wird auch Esr 2$^{2}$ und Neh 7$^{7}$ in der Rückwandererliste genannt und kommt in einem Wirtschaftstext aus Barsippa vor. Von einem Jaïr ist an zahlreichen Stellen des AT die Rede Num 32$^{41}$ Dtn 3$^{14}$ Ri 10$^{3}$ 1 Kön 4$^{13}$ u. ö. Die Namen Schimi und Kisch wollen die benjaminitische Abkunft Mordechais herausstellen (Kisch = Vater Sauls 1 Sam 9$^{1}$; Schimi = Vogt in Benjamin 1 Kön 4$^{18}$). Benjamin war der einzige der Söhne Jakobs, der im Lande der Verheißung geboren war, der Stamm Benjamin stand deshalb bei den Juden in besonderem Ansehen. Mordechai bekleidete in Susa, der Winterresidenz der persischen Herrscher, eine untergeordnete Beamtenstelle. Er stammt aus einer der vornehmen Familien, die 597 aus Jerusalem verschleppt wurden und auf denen gemäß Jer 24$^{5-7}$ und Ez 11$^{15-17.20}$ die Rettung des Volkes ruht. Den Erzähler stört nicht der große Zeitabstand von ca. 150 Jahren (598–ca. 450).

$10^{3a-k}$ salem verschleppt hatte. 1d Er hatte folgenden Traum: Es gab Geschrei
und Lärm, Donner und Erdbeben, und ein Tumult entstand auf der Erde.
1e Plötzlich kamen zwei große Drachen, beide bereit zu kämpfen. Sie
brüllten laut, 1f und durch ihr Brüllen wurden alle Völker zum Kampf auf-
gereizt, so daß sie gegen das Volk der Gerechten Krieg führten. 1g Es war
ein Tag des Dunkels und der Finsternis; Bedrängnis und Not, Unheil und
großer Tumult waren auf der Erde. 1h Das ganze Volk der Gerechten ge-
riet in Bestürzung. Sie fürchteten Unheil und rechneten mit ihrem Unter-
gang. Da schrien sie zu Gott. 1i Auf ihr Rufen hin wurde aus einer kleinen
$8^{16}$ Quelle ein großer Strom mit viel Wasser. 1k Licht und Sonne schienen
wieder; die Niedrigen wurden erhöht, und sie vernichteten die Angesehe-
nen. 1l Als Mordechai diesen Traum gehabt hatte, erwachte er. Den gan-
zen Tag überlegte er, was Gott wohl beschlossen habe, und versuchte, auf
jede nur mögliche Weise den Traum zu verstehen.

### *Die Aufdeckung der Verschwörung:* $1^{1m-r}$ G = $12^{1-6}$ Vg

$2^{21-23}$ $6^{2f}$ 1m Mordechai schlief im Palast in der Nähe der zwei Hofbeamten Gabata
und Teresch, die den Palast bewachten. 1n Dabei hörte er, was sie mitein-
ander überlegten; er versuchte, über ihre Pläne Genaueres zu erfahren,

1d.1e Der ganze Traum ist voller Lärm und Spektakel. Die beiden Drachen (hier = Phantasietiere) sind Symbole für Mordechai und dessen heidnischen Gegenspieler Haman. Sonst werden im AT nur heidnische Reiche mit Tieren verglichen; die Identifikation eines Israeliten mit einem Drachen ist einmalig. Mordechai und Haman sind gleichsam die Vorkämpfer der zwei Parteien Heiden und »Volk der Gerechten« (= Juden), vgl. $10^{3f.3g}$ »Israeliten«, »Volk Gottes«; siehe auch die apokryphe Schrift Gebet des Manasse 1: »gerechte Nachkommenschaft«. 1g-1i Die Bedrängnis der Juden wird in traditionellen, paarweise angeordneten Bildern beschrieben. In 1h steht erstmals »Gott«; mit »Gott« und »Herr« wird in G über 40mal auf Gottes Wirken hingewiesen. Mit »Quelle-Strom« wird angedeutet, daß Gott das Schwache-Niedrige stark macht, um das Starke-»Angesehene« zu besiegen 1 Kor $1^{27.28}$; nach $10^{3c}$ ist Ester dieses Wasser. Zu Quelle als Bild für die Frau/Braut vgl. Spr $5^{15ff}$ Hld $4^{12-15}$.
1k »Licht« wird die Rettung der Juden auch in $8^{16}$ genannt. Als die Niedrigen, d. h. die demütigen Dulder, die auf Jahwe vertrauen, können die Juden die persischen Edlen überwinden. Vgl. 1 Sam $2^{8}$ Lk $1^{52}$.
$1^{1m-1r}$//$2^{21-23}$ $3^{1.6}$ In einem Kurzbericht wird mitgeteilt, daß Mordechai den persischen König aus Verschwörerhand errettet, aber von dem angesehenen Hofbeamten Haman gehaßt wird. Folgender Zug verdient hier Erwähnung: Die Hebräer – mögen sie Joseph, Daniel oder Mordechai heißen – sind um das Wohl des fremden Königs besorgt, sie arbeiten mit in seinem Staat, sie verurteilen das Unrecht und den Mordversuch.
1m-1o Mordechai erfährt während der Nachtruhe von dem geplanten Anschlag der beiden Wächter und erstattet als pflichtgetreuer Hofbeamter Anzeige. Als Todesstrafe wird im Achämenidenreich neben der Kreuzigung auch die Pfählung praktiziert. Bei

und entdeckte, daß sie einen Anschlag gegen König Artaxerxes vorberei-
teten. Er zeigte sie beim König an, $^{10}$ und der König verhörte die beiden
Beamten. Sie gestanden und wurden hingerichtet. $^{1p}$ Zur Erinnerung ließ 6¹ 10²
der König diese Begebenheit aufzeichnen; auch Mordechai machte Auf-
zeichnungen darüber. $^{1q}$ Und der König beauftragte Mordechai, im Palast 6³
zu dienen, und belohnte ihn für seine Tat mit reichen Geschenken. $^{1r}$ Aber 3¹f. 5f
der Bugäer Haman, der Sohn Hammedatas, ein angesehener Mann beim
König, suchte wegen der beiden Hofbeamten des Königs Unheil über
Mordechai und sein Volk zu bringen.

## DIE ERHEBUNG ESTERS ZUR KÖNIGIN: $1^{1}$–$2^{23}$

### *Das Mahl im Königspalast:* $1^{1-9}$

$1^{1}$ Es war zur Zeit des Artaxerxes, jenes Artaxerxes, der von Indien bis
Kusch über hundertsiebenundzwanzig Provinzen herrschte. $^{2}$ Drei Jahre,
nachdem König Artaxerxes in der Burg Susa den Thron seines Reiches be-
stiegen hatte, $^{3}$ gab er ein Festmahl für alle seine Fürsten und Beamten. Die
Obersten des Heeres von Persien und Medien, die Vornehmen und die
Statthalter der Provinzen waren erschienen, $^{4}$ und er stellte viele Tage lang

$1^{10}$ ἀπήχθησαν: »sie wurden abgeführt«.

letzterer wird ein zugespitzter Pfahl in die Bauchhöhle getrieben und der Verurteilte auf ihm aufgerichtet.

$^{1p-1q}$ Am Perserhof trägt man wichtige Begebenheiten in das Buch der Tagesgeschehnisse oder Denkwürdigkeiten ein, z.B. Esr $4^{15}$. Der Verfasser teilt diesen Erzählungszug mit, weil er später daran einen Wendepunkt seiner Geschichte knüpft $6^{1.2}$. Daß Mordechai selbst Aufzeichnungen macht, findet sich auch in $9^{20-23}$ (Purimordnung). $^{1q}$ meint wohl, daß Mordechai eine Beförderung erfuhr, denn nach $^{1b}$ war er ja am Hof bedienstet.

$^{1r}$ Unerwartet wird der hohe königliche Beamte Haman vorgestellt. Wahrscheinlich ist sein Name wie Mordechai ein theophorischer – Humman war der oberste Gott des alten Elam –, und auch Hammedata bedeutet »Geschenk Hummans«. »Bugäer« ist wohl eine Verformung des $3^{1}$ gebrauchten Beinamens »Agagiter«. Der griechische Verfasser mag dabei an βουγάϊος = Prahlhans gedacht haben. Nach seiner Auffassung steckte Haman mit den Verschwörern unter einer Decke – vielleicht daß er selbst sich des Thrones bemächtigen wollte –, und von daher wird sein Haß gegen Mordechai verständlich. Über $^{1m-1r}$ als Parallelbericht siehe den Kommentar zu $3^{1-6}$.

In $1^{1-9}$ umreißt der Autor Schauplatz und Umwelt seiner Geschichte. Sie ist eine Hofgeschichte, in der 13mal das Leitwort *mlk* = König(sein) vorkommt. Sie will das glänzende Milieu schildern, in dem sich bald die jüdischen Hauptgestalten bewegen werden. Die festlichen Trinkgelage deuten – freilich kaum merkbar – auf das Purimfest mit seinen Gastmählern hin, das in den »Provinzen« am 14. und in »Susa« am 15. Adar gefeiert wird.

$^{1-4}$ Die immense Ausdehnung des Rei-

seinen ganzen Reichtum und seine königliche Pracht, seine Herrlichkeit
und seinen ungeheueren Prunk zur Schau, hundertachtzig Tage lang.
5 Am Ende dieser Tage gab der König allen, die in der Burg Susa waren,
vom Größten bis zum Geringsten, sieben Tage lang im Hofgarten des Pa-
lastes ein Festmahl. 6 Weißes Leinen, violetter Purpurstoff und andere
feine Gewebe waren mit weißen und roten Schnüren in silbernen Ringen
an Alabastersäulen aufgehängt. Auf dem Mosaikboden aus Alabaster,
weißem und buntem Marmor und Perlmuttsteinen standen goldene und
silberne Ruhelager. 7 Man trank aus goldenen Gefäßen, von denen keines
den anderen gleich war. Großzügig ließ der König seinen Wein ausschen-
ken. 8 Bei dem Gelage sollte keinerlei Zwang herrschen. Denn der König
hatte seinen Palastbeamten befohlen: Jeder kann tun, was ihm beliebt.
9 Auch Königin Waschti gab ein Festmahl für die Frauen, die im Palast des
Königs Artaxerxes lebten.

*Die Verstoßung der Königin Waschti:* 1 10-22

10 Als König Artaxerxes am siebten Tag vom Wein angeheitert war, befahl
er Mehuman, Biseta, Harbona, Bigta, Abagta, Setar und Karkas, den sie-

ches des »Groß«königs wird durch die entgegengesetzten äußersten Landschaften zum Ausdruck gebracht (Kusch = Äthiopien/Nubien). 127 Provinzen sind historisch nicht belegt. Die Zahl ist symbolisch zu verstehen: 12 × 10 + 7. Alle drei Zahlen bedeuten Vollkommenheit, Vollendung. Dan 6 2 spricht von 120 »Satrapen«. Ebenso wollen die drei Jahre und die Dreigliedrigkeit der Gäste des Gelages auf die Machtfülle des Königs hinweisen. Von den vielen Ländern werden nur das Kernland Persien genannt und das alte Herrenland Medien, dessen Vasallen die Perser bis 550 (Eroberung durch Cyrus) waren. Der überladene Prunk und die lange Dauer des persischen Hoffestes werden in 4 durch die Plerophorie synonymer Ausdrücke und die Hyperbel 180 Tage = 6 Monate = ein halbes Jahr geschildert.

5-9 Zu einem zweiten Trinkgelage werden alle Bediensteten der Residenz Susa geladen. Man feiert im Park auf einem Festplatz unter einem farbenprächtigen Zelt. Die vielen Fremdwörter bei der Beschreibung der Zelttücher und des Fußbodens vermitteln den Eindruck des Exotisch-Märchenhaften. Mit den vergoldeten und mannigfach geformten Trinkgefäßen will der Dichter den königlichen Reichtum und die starke Trinklust der Perser veranschaulichen. Die persische Trinksitte fordert volle Freiheit: Niemand darf zum Trinken gezwungen noch am Trinken gehindert werden. Die Trennung der Geschlechter war bei den Persern nicht üblich, die Nichtteilnahme der Frauen an Trinkgelagen ist erst modern-orientalisch. Der Verfasser braucht sie aber hier erzählungstechnisch als Basis für die folgende Geschichte. Eine persische Königin mit Namen Waschti ist historisch nicht belegt. Waschti (persisch *vahista)* bedeutet die Schönste, die Beste und ist symbolisch gemeint: Der König will bald »die Schönste« seinem Volk vorführen.

1 10-22 ist eine Erzählung von der Verstoßung der Königin Waschti. Sie will auf die neue Königin, auf Ester, hinführen. Sie läßt Weisheitszüge wie »die

ben Hofbeamten, die ihn persönlich bedienten, 11 die Königin Waschti im königlichen Diadem vor ihn zu bringen, damit das Volk und die Fürsten ihre Schönheit bewunderten; denn sie war sehr schön. 12 Aber die Königin Waschti weigerte sich, dem Befehl des Königs, den die Hofbeamten überbracht hatten, zu folgen und zu kommen. Da wurde der König erbost, und es packte ihn großer Zorn.

13 Er besprach sich mit den Weisen, die sich in der Geschichte auskennen; denn er pflegte seine Angelegenheiten vor den Kreis der Gesetzes- und Rechtskundigen zu bringen, 14 die zu ihm Zutritt hatten, nämlich Karschena, Schetar, Admata, Tarschisch, Meres, Marsena, Memuchan, die sieben Fürsten Persiens und Mediens. Sie hatten freien Zugang zum König und nahmen den ersten Rang im Königreich ein. 15 Er fragte: Was soll man nach dem Gesetz mit der Königin Waschti tun, nachdem sie dem Befehl des Königs Artaxerxes, den ihr die Hofbeamten überbracht haben, nicht gefolgt ist? 16 Da sagte Memuchan zum König und zu den Fürsten: Nicht nur gegen den König, sondern auch gegen alle Fürsten und alle Völker, die in all den Provinzen des Königs Artaxerxes leben, hat sich Königin Waschti verfehlt. 17 Denn das Verhalten der Königin wird allen Frauen bekannt werden, und sie werden die Achtung vor ihren Ehemännern verlieren und sagen: König Artaxerxes befahl der Königin Waschti, vor ihm zu erscheinen; aber sie kam nicht. 18 Von heute an werden alle Fürstinnen Persiens und Mediens, die vom Verhalten der Königin hören, dies allen Fürsten des Königs vorhalten, und es gibt viel Ärger und Verdruß. 19 Wenn es dem König recht ist, möge ein unwiderruflicher königlicher Erlaß ergehen, der in den Gesetzen der Perser und Meder aufgezeichnet wird: Waschti darf dem König Artaxerxes nicht mehr unter die Augen treten. Der König aber verleihe den Rang der Königin einer anderen, die würdiger ist als sie. 20 Wenn die Anordnung, die der König erläßt, in sei-

1 14b heißt wörtlich und formelhaft: »Sie schauen das Antlitz des Königs«.

Gehorsamspflicht der Ehefrau«, »die Macht des bösen Beispiels«, »die Bestrafung gemäß dem Talionsdenken« und »der launische Despot« stark hervortreten.

10-12 Hinter den Namen der Hofbeamten verbergen sich verballhornte Gottes- und Engelnamen der zoroastrischen Religion. Vielleicht denkt der Autor an die absolute, fast göttliche Machtsphäre, aus der heraus Artaxerxes seine Befehle erteilt. Mit Diadem 11 ist der Kopfschmuck als Abschluß des ganzen Ornats gemeint, er bestand wahrscheinlich aus einer steifen mit blau-weißem Band verzierten Tiara. Ein Grund für die Weigerung Waschtis wird nicht angegeben, es geht allein um die Tatsache des Ungehorsams.

13-15 Die Dreigliedrigkeit bei der Schilderung der erfahrenen Männer (Weise, Geschichtskenner, Gesetzes-, Rechtskundige) wird in 14 symmetrisch fortgesetzt (Fürsten, »Antlitzschauer«, den ersten Rang Einnehmende). Die Namen ähneln z. T. denen der Hofbeamten 10, die Reihenfolge ist umgekehrt. Sieben Räte des Königs nennt auch Esr 7 14, ebenso Herodot III, 83 f.

16-20 Der an letzter Stelle genannte

nem ganzen großen Reich bekannt wird, dann werden alle Frauen ihren
Ehemännern, den vornehmsten wie den geringsten, die gebührende Ach-
tung erweisen. 21 Der Vorschlag gefiel dem König und den Fürsten, und
$3^{12}$ $8^{9}$ der König handelte nach Memuchans Worten. 22 Er sandte Schreiben an
alle königlichen Provinzen, an jede Provinz in ihrer eigenen Schrift und an
jedes Volk in seiner Sprache, damit alle Männer Herr in ihrem Haus blie-
ben [redend in der Sprache seines Volkes].

## *Der Entschluß des Königs:* $2^{1-4}$

$2^{1}$ Als sich nach einiger Zeit der Zorn des Königs gelegt hatte, erinnerte er
sich wieder an Waschti und an das, was sie getan und was man über sie be-
schlossen hatte. 2 Da sagten die Pagen des Königs: Man sollte für den Kö-
nig schöne junge Mädchen suchen. 3 Der König soll in jeder Provinz seines
Reiches Männer beauftragen, alle schönen jungen Mädchen in den

$1^{22b}$ fehlt in G, wörtlich in H: »redend nach der Sprache seines Volkes«. Für *'ammo* (seines Volkes) ist vielleicht besser *'immo* (mit ihm = nach seiner eigenen Sprache) zu korrigieren.

Memuchan macht aus dem Hofereignis eine Reichsangelegenheit, er versteigt sich in übertriebene Formulierungen. Immerhin mag es dem jüdischen Ohr gut tun, aus heidnischem Mund den Gedanken von dem bösen Beispiel und der Fortpflanzung der sündigen Tat zu hören. Mit der – auch im offiziellen Schrifttum der Achämeniden bezeugten – höfischen Bittstellerformel »wenn es dem König recht ist« 19 beantragt er gemäß dem Gesetz der Wiedervergeltung: Waschti ist nicht gekommen, sie soll daher überhaupt nicht mehr kommen, d. h. sie soll durch eine neue Königin ersetzt werden.

21f Zur Mehrsprachigkeit vgl. die aramäische amtliche Korrespondenz in Esr $4^{11-22}$ $5^{7-17}$ $6^{3-12}$ $7^{12-26}$ und die dreisprachige Behistun-(Bisutun-)Inschrift des Darius I. auf dem 1500 m hohen Berg an der Straße von Kermanschah nach Hamadan in Altpersisch, Elamisch und Babylonisch (um 520 v. Chr.). Die sittliche Konsequenz der Geschichte wird gleich einem Weisheitsspruch mitgeteilt: Jeder Mann soll Herr in seinem Haus bleiben und frei reden dürfen. 22b hat wegen seines Inhalts zu verschiedenen Verbesserungsvorschlägen Anlaß gegeben. Am ehesten überzeugt der den Konsonantentext nicht verändernde obenerwähnte Vorschlag.

$2^{1-4}$ ist der Form nach »Dienerrede«, die durch eine einführende und abschließende Bemerkung gerahmt ist. Sie zielt auf die Königinwahl aus den schönsten, jungfräulichen Mädchen des Landes. Ein Motivzug, der sich auch in der Davidgeschichte 1 Kön $1^{2-4}$ findet. Wie in $1^{1-9}$ stehen Artaxerxes' Macht und Reichtum im Blickfeld: Er hat das erste Recht auf die Mädchen seines Landes, er besitzt einen großen Harem, vgl. König Salomo 1 Kön $11^{3}$.

1 Durch geraffte Wiederholung schlägt der Verfasser die Brücke vom Alten zum Neuen.

3 Die lebendige Erzählweise läßt den Leser gar nicht an andere Möglichkeiten für die Wahl zur Königin denken, etwa an einen Ersatz aus dem bestehenden Harem oder aus den vornehmsten persischen Familien (Herodot III, 88).

Frauenpalast auf der Burg Susa zu bringen und dem königlichen Kämme-
rer Hegai, dem Aufseher der Frauen, zu übergeben. Dort sollen sie der
nötigen Schönheitspflege unterzogen werden. 4 Und das Mädchen, das
dem König gefällt, soll anstelle Waschtis Königin werden. Der König fand
den Vorschlag gut und handelte nach ihm.

### *Ester am königlichen Hof:* 2[5-14]

5 In der Burg Susa lebte ein Jude namens Mordechai. Er war der Sohn 1[1a-c]
Jaïrs, des Sohnes Schimis, des Sohnes des Kisch, aus dem Stamm Benja-
min. 6 Er war mit den Verschleppten aus Jerusalem gekommen, die der
babylonische König Nebukadnezzar zusammen mit König Jojachin de-
portiert hatte. 7 Er war der Vormund von Hadassa, der Tochter seines 8[1]
Onkels, die auch Ester hieß. Sie hatte keinen Vater und keine Mutter
mehr. Das Mädchen war von schöner Gestalt und großer Anmut. Nach
dem Tod ihres Vaters und ihrer Mutter hatte Mordechai sie als seine Toch-
ter angenommen. 8 Als der Befehl und Erlaß des Königs bekannt wurde,
brachte man viele Mädchen zur Burg Susa und gab sie in die Obhut Hegais.
Auch Ester wurde in den Königspalast geholt und Hegai, dem Aufseher
der Frauen, übergeben. 9 Das Mädchen fand sein Gefallen und seine
Gunst. Er war sehr darauf bedacht, daß sie die nötige Pflege und die rich-
tige Kost erhielt; außerdem gab er ihr sieben auserlesene Dienerinnen aus
dem Königshaus. Später ließ er sie mit ihren Dienerinnen in die schönsten
Räume des Frauenpalastes umziehen. 10 Ester hatte nichts von ihrem Volk

2[5-14] Die biographische Notiz über Mordechai und Ester [5-7] ist inhaltsmäßig bedeutsam. Außer den in 1[1a-1c] angedeuteten religiösen Zügen hat der Erzähler ein gängiges Motiv der Weisheit übernommen: Sei den Waisen wie ein Vater Sir 4[10]. Der Bericht [8-14] stellt das in den königlichen Harem gebrachte Mädchen Ester in den Mittelpunkt. Ester ist die Gedemütigte und Begünstigte, sie muß durch die Erniedrigung gehen, um später die Retterin des Volkes zu werden. Das Gunstfinden wird in anderen Bibelstellen Gen 39[3.4.21] Dan 1[8.9] Tob 1[10ff] mit Gott in Verbindung gebracht. Alle namentlich aufgeführten Personen zeigen positive Charaktereigenschaften: Bei Ester ist es der Gehorsam, bei Mordechai die liebende Vatersorge und beim Kämmerer Hegai die höfliche Behandlung von Ester.

[5.6] Zu Mordechai s. 1[1a-1c].
[7] Die Heldin der Geschichte, hier zum erstenmal genannt, trägt einen jüdischen Namen, aus *h^a das* = Myrte gebildet. Daß sie noch den fremden Namen Ester hat – entweder vom babylonischen Ischtar (Name einer Göttin) oder vom persischen *stare* (Stern) abzuleiten –, mag damit zusammenhängen, daß sie auf Befehl ihres Pflegevaters ihre jüdische Abstammung geheimhalten soll. Eine Adoption kennt das alttestamentliche Recht nicht; in Ägypten, Babylonien und wohl auch in Persien war sie üblich. Die Juden der Diaspora haben sich allmählich den Lebensgewohnheiten ihrer Umwelt angepaßt.
[9.10] Die Gunst des Hegai läßt schon auf die Gunst des Königs schließen. Das Verschweigen von Esters jüdischer Abstammung braucht der Erzähler für den literarischen Aufbau seiner ganzen Ge-

und ihrer Abstammung erzählt; denn Mordechai hatte sie angewiesen,
nichts davon zu sagen. [11] Jeden Tag ging Mordechai zum Hof des Frauen-
palastes, um zu erfahren, wie es Ester ging und was mit ihr geschah. [12] Der
Reihe nach wurden alle Mädchen zu König Artaxerxes geholt. Zuvor wa-
ren sie, wie es für die Frauen Vorschrift war, zwölf Monate lang gepflegt
worden; denn so lange dauerte ihre Schönheitspflege: sechs Monate
Myrrhenöl und sechs Monate Balsam und andere Schönheitsmittel der
Frauen. [13] Dann gingen die Mädchen zum König, und alles, was sie sich
aus dem Haus der Frauen wünschten, gab man ihnen in den Königspalast
mit. [14] Am Abend gingen sie hinein, und am Morgen kamen sie zurück
und wurden in den zweiten Frauenpalast gebracht und dem königlichen
$4^{11}$ Kämmerer Schaaschgas anvertraut, dem Aufseher der Nebenfrauen. Sie
durften nicht mehr zum König gehen, außer wenn der König Gefallen an
ihnen gefunden hatte und sie ausdrücklich rufen ließ.

### *Esters Erhebung zur Königin:* $2^{15-20}$

[15] Eines Tages war Ester, die Tochter Abihajils, des Onkels Mordechais, der sie als seine Tochter angenommen hatte, an der Reihe, zum König zu gehen. Sie wollte nichts mitnehmen, außer was der königliche Kämmerer Hegai, der Aufseher der Frauen, ihr nahelegte. Ester aber gefiel allen, die sie sahen. [16] Es war im zehnten Monat, dem Monat Tebet, im siebten Jahr der Regierung des Königs, als Ester zu Artaxerxes in den königlichen Palast geholt wurde. [17] Und der König liebte Ester mehr als alle Frauen zuvor, und sie gewann seine Gunst und Zuneigung mehr als alle anderen Mädchen. Er setzte ihr das königliche Diadem auf und machte sie anstelle Waschtis zur Königin. [18] Der König veranstaltete zu Ehren Esters ein großes Festmahl für alle seine Fürsten und Diener. Den Provinzen ge-

schichte; denn die Enthüllung der jüdischen Herkunft bildet später Höhe- und Wendepunkt. Eine literarische Parallele findet sich in Ex 2: Mose gilt als Ägypter.

$^{12-14}$ zeichnen den dunklen, kontrastierenden Hintergrund zu Esters Bevorzugung und Erhebung: Nach langer Vorbereitungszeit und der einen Nacht, die die Mädchen beim König verbringen, beginnt für sie das Haremsschicksal.

$2^{15-20}$ ist Bericht über Esters Einsetzung als Königin. Dahinter steht der Zwang, das Unvermeidliche: »Ester wurde zu Artaxerxes geholt.« Dem frommen Juden konnte so bewußt werden, daß diese Erhöhung mit zur besonderen Sendung Esters gehörte, vgl. Jdt $11^{22}$.

$^{15.16}$ Die namentliche Erwähnung des Vaters und Pflegevaters sowie die Angabe des Datums betonen die Wichtigkeit des neuen Vorgangs. Abihajil $9^{29}$ (= mein Vater ist Stärke) könnte Symbolname sein Num $3^{35}$ 1 Chr $2^{29}$ $5^{14}$. Der Verzicht auf angebotene heidnische Üppigkeit ist ein konventioneller Zug der Diasporaschilderungen Dan $1^{8}$ Tob $1^{10.11}$. Tebet (Dez./Jan.) ist babylonischer Monatsname, der im AT nur hier vorkommt. Seine Zahl 10 soll zusammen mit der Zahl 7 des Regierungsjahres die Fülle, den Abschluß symbolisieren.

$^{17}$ Zu Diadem s. $1^{11}$.

währte er einen Steuererlaß, und mit königlicher Freigebigkeit teilte er
Geschenke aus. 19 Damals, als man die Mädchen [zum zweitenmal] zu-
sammenholte, hatte Mordechai einen Posten am Tor des königlichen Pala-
stes. 20 Ester aber erzählte nichts von ihrer Abstammung und ihrem Volk,
wie Mordechai ihr aufgetragen hatte. Ester hielt sich an die Worte Morde-
chais, wie früher, als sie noch seine Pflegetochter war.

### *Die Aufdeckung einer Verschwörung:* 2 21-23 1 1m-p

21 In jenen Tagen, als Mordechai einen Posten am Tor des königlichen Pa- 6 1f
lastes hatte, planten Bigtan und Teresch, zwei unzufriedene königliche
Kämmerer, die zu den Türhütern gehörten, einen Anschlag auf König Ar-
taxerxes. 22 Mordechai erfuhr davon und berichtete es der Königin Ester.
Ester sagte es im Auftrag Mordechais dem König weiter. 23 Die Sache
wurde untersucht und aufgedeckt. Man hängte die beiden auf und hielt das
Ereignis in der Chronik fest, die für den König geführt wurde.

## HAMANS ANSCHLAG GEGEN DIE JUDEN: 3 1-15

### *Der Racheplan:* 3 1-6

3 1 Nach diesen Ereignissen zeichnete König Artaxerxes den Agagiter
Haman, den Sohn Hammedatas, in besonderer Weise aus und gab ihm ei-

19.20 Der Anfang von 19 wird von vielen Auslegern als schwierig empfunden und hat zu verschiedenen Erklärungen geführt: »Zum zweiten Mal« ist in den Text übernommene Randglosse; es ist die Überführung in das »zweite« Frauenhaus gemeint oder ein »zweites« Eintreffen von Mädchen aus entfernten Gegenden; betreffs der Mädchensammlung ist noch »ein Zweites« zu sagen. 19 lautet wörtlich: »Wiederum wurden Mädchen zusammengeholt, während Mordechai auf seinem Posten im Königspalast blieb.« Der Autor liebt es, kleine Einheiten seiner Geschichte zu verbinden, indem er eine Situation wiederholt und die folgende leicht antippt 2 1. Er will in 19 gleichsam sagen: Im übrigen verläuft das Leben am persischen Hof in der gewohnten Weise. Rückblickend heißt das: Es werden wiederum Mädchen für den Harem zusammengebracht; in der Vorschau bedeutet das: Mordechais Verwandtschaftsverhältnis zur Königin wird nicht bekannt, er bleibt vielmehr untergeordneter Bediensteter am Königshof, um als solcher etwas Neues zu entdecken. »Tor des Königs« = allgemeine Bezeichnung für königlichen Hof.

2 21-23 Die Unterschiede zum Parallelbericht 1 1m-1q sind nicht erheblich. Der Name des ersten Wächters ist leicht geändert. Mordechai erstattet seine Anzeige nicht direkt, sondern über die Königin Ester. Eine Belohnung Mordechais wird nicht erwähnt. Möglicherweise hat G an zwei verschiedene Verschwörerszenen gedacht und sie deshalb in ihren Text aufgenommen.

3 1-6 ist die literarische Kurzform der Anekdote. Die Hauptpersonen greifen durch Wort und Tat in das Geschehen

nen höheren Rang als allen anderen Fürsten seiner Umgebung. [2] Alle kö-
niglichen Diener am Tor des Palastes fielen vor Haman nieder und huldig-
ten ihm; denn so hatte es der König ihm zu Ehren befohlen. Mordechai
aber fiel nicht nieder und huldigte ihm nicht. [3] Da sagten die königlichen
Diener am Tor des Palastes zu Mordechai: Warum setzt du dich über das
Gebot des Königs hinweg? [4] Das sagten sie jeden Tag zu ihm, doch er
hörte nicht auf sie. Sie meldeten es Haman, weil sie sehen wollten, ob
Mordechai mit seiner Begründung Erfolg haben werde; er hatte ihnen
nämlich gesagt, er sei Jude. [5] Als Haman merkte, daß Mordechai nicht vor
ihm niederfiel und ihm nicht huldigte, wurde er sehr zornig. [6] Aber es
schien ihm nicht genug, nur Mordechai zu beseitigen. Da man ihm gesagt
hatte, welchem Volk Mordechai angehörte, wollte Haman alle Juden im
Reich des Artaxerxes vernichten – das ganze Volk Mordechais.

### *Der Ausrottungsplan:* 3[7-11]

[7] Im ersten Monat, dem Monat Nisan, im zwölften Jahr des Königs Arta-
9[24] xerxes, warf man in Gegenwart Hamans das Pur, das ist das Los, über die

ein und charakterisieren sich als entschlossen handelnde, einander feindlich gegenüberstehende Menschentypen. Leben in der Diaspora bedeutet – trotz Anpassung und Mitarbeit – auch immer wieder Zusammenstoß des Gottesvolkes mit der heidnischen Umwelt. Die Geschichte von der Proskynesisverweigerung ist fiktive, dichterische Ausmalung für den stolzen Judenhasser und den ebenso stolzen »hassenden« Juden. Vgl. Israels Stellung zum persönlichen Feind Ps 5[11] 6[11] 143[12] Jer 18[21].

[1] Zu den Namen s. 1[1r]. Durch den Beinamen »Agagiter« soll der zum Großwesir bestellte Haman als typischer Judenfeind gekennzeichnet werden. Agag war der Amalekiterkönig, den Saul gefangengenommen und Samuel getötet hatte 1 Sam 15. Die Amalekiter waren das erste Volk, das sich Israel beim Heraufzug aus Ägypten entgegengestellt hatte und daher von Jahwe zur Ausrottung bestimmt worden war Ex 17[14].

[2] Die beiden Vokabeln »niederfallen« und »huldigen« sind hier hyperbolischer Ausdruck für die Ehrenbezeugung, die wohl in Kniebeuge und Verneigung des Körpers bestand, sonst meint diese Verbindung auch die Anbetung Gottes 2 Chr 7[3] Ps 95[6].

[3.4] Die Dienerfrage belebt, sie ist die Frage des Lesers, der sich freut, die von ihm längst vermutete Antwort (er sei Jude) bestätigt zu finden. Der Jude Mordechai verweigert demnach die Proskynese, weil Haman »Agagiter«, d. h. Abkömmling des Erzfeindes Israels ist. Vgl. dagegen die religiöse Begründung in 4[17e].

[6] Dreimal kommt der Name Mordechai vor, zweimal steht *kol:* alle Juden, das ganze Volk. Haman hat endlich einen »gewichtigen« Anlaß gefunden, gegen die Juden vorzugehen.

3[7-13] Mit dieser Erzählung von der Begründung und gesetzlichen Verankerung der Judenausrottung will der jüdische Verfasser den Hörer die ganze Tragik und Ungerechtigkeit dieses Pogroms spüren lassen. Der erste Vorwurf, daß die Gesetze der Juden verschieden sind von denen aller anderen Völker, wird schon dadurch entkräftet,

einzelnen Tage und Monate, und das Los fiel auf den dreizehnten Tag des
zwölften Monats, des Monats Adar. 8 Darauf sagte Haman zu König Ar-
taxerxes: Es gibt ein Volk, das über alle Provinzen deines Reiches ver-
streut lebt, aber sich von den anderen Völkern absondert. Seine Gesetze Num $23^{9}$
sind von denen aller anderen Völker verschieden; auch die Gesetze des Dtn $4^{5-8}$
Königs befolgen sie nicht. Es ist nicht richtig, daß der König ihnen das
durchgehen läßt. 9 Wenn der König einverstanden ist, soll ein schriftlicher
Erlaß herausgegeben werden, sie auszurotten. Dann kann ich den
Schatzmeistern zehntausend Talente Silber übergeben und in die königli-
chen Schatzkammern bringen lassen. 10 Da zog der König seinen Siegel- $8^{2}$ Gen $41^{42}$
ring vom Finger und gab ihn dem Agagiter Haman, dem Sohn Hammeda-
tas, dem Feind der Juden, 11 und er sagte zu Haman: Das Silber lasse ich
dir; mach mit dem Volk, was dir richtig erscheint.

### *Der Erlaß:* $3^{12-15}$ $3^{13a-g}$ G = $13^{1-7}$ Vg

12 Am dreizehnten Tag des ersten Monats wurden die Schreiber des Kö-
nigs gerufen. Man schrieb an die Satrapen des Königs, die Statthalter der

daß die Tora, das heilige Gesetz, damit gemeint ist. Es hat ja Gott zum Urheber und kann nicht Grund einer Anklage sein. Hinzu kommt noch die bekannte religiöse Toleranz der persischen Könige. Gegen den zweiten Vorwurf, sie hielten die Gesetze des Königs nicht, steht das Prophetenwort: »Bemüht euch um das Wohl der Stadt, ..., denn in ihrem Wohl liegt euer Wohl« Jer $29^{7}$. Die Strafe der Ausrottung steht also in gar keinem Verhältnis zum sogenannten Verbrechen.

7 Hier taucht zum erstenmal das Wort auf, das dem jüdischen Purimfest seinen Namen gegeben haben soll, doch vgl. dazu die Einleitung. Es wird aus dem Akkadischen *puru* = Los erklärt, und dementsprechend wird ein Loswerfen (vielleicht durch Urim und Tummim = weiße und schwarze Steine) in die Erzählung eingebaut. Das genaue Datum ist in H durch Homoioteleuton ausgefallen. Die Zahl 13 galt schon im Alten Orient als eine Unglückszahl, als Sprengerin der Vollendung[13].

8 Die weltweite jüdische Diaspora ist – nach Hamans Auffassung – eine große Gefahr, die überall existiert. Der Vorwurf der Nichtbeachtung der königlichen Gesetze ist übertriebene Erfindung oder böswillige Verallgemeinerung der Proskynesisverweigerung durch Mordechai. Der Name des Volkes wird aus kompositionstechnischen Gründen verschwiegen: Diesem Volk gehören ja Mordechai, des Königs Lebensretter, und die Königin an!

9-11 Die übertrieben hohe Geldsumme will Haman aus der jüdischen Beute nehmen. Durch Aufdrücken des königlichen Siegels werden die Dekrete rechtskräftig. Zur Siegelüberreichung vgl. Gen $41^{42}$. Die Wiederholung der Namen Hamans aus 1 bekräftigen den »Feind der Juden«. Des Königs Verzicht auf das Geld mag orientalischer Höflichkeit entsprechen, d.h. Artaxerxes rechnet sehr wohl mit der Bezahlung der Summe durch Haman.

12.13 Am 14. Nisan beginnt die Feier des Paschafestes, des Gedenktages an Israels Befreiung aus Ägypten; am 13. Nisan wird die Aktion eingeleitet, die zur Vernichtung der Juden im persi-

einzelnen Provinzen und die Fürsten aller Völker der einzelnen Provinzen
in ihrer eigenen Schrift und Sprache alles genau so, wie es Haman befohlen
hatte. Der Erlaß war im Namen des Königs Artaxerxes geschrieben und
mit dem Siegelring des Königs gesiegelt. [13] Durch Eilboten sandte man das
Schreiben an alle königlichen Provinzen (mit dem Befehl): Man solle alle
Juden, jung und alt, auch Kinder und Frauen, am gleichen Tag, dem drei-
zehnten Tag im zwölften Monat, dem Monat Adar, erschlagen, ermorden
und ausrotten und ihren Besitz plündern.
[13a] Hier ist eine Abschrift des Briefes: Der Großkönig Artaxerxes schreibt
den Statthaltern der hundertsiebenundzwanzig Provinzen von Indien bis
Kusch und den untergeordneten Behörden: [13b] Als Herrscher über viele
Völker und Gebieter über die ganze Welt habe ich beschlossen – nicht aus
überheblicher Willkür, sondern in meinem allzeit bewiesenen Streben
nach Milde und Güte –, meinen Untertanen in jeder Hinsicht ein ruhiges
Leben zu sichern, die Entwicklung des Reiches zu fördern, es bis an die
Grenzen mit guten Straßen zu versehen und allen Menschen wieder den
ersehnten Frieden zu schenken. [13c] Als ich meine Ratgeber fragte, wie das

schen Reich führen soll. Der Verfasser hat mit Absicht dieses Datum gewählt: Sollte die alte Erlösung aufgehoben und das Volk von neuem der Willkür des Königs eines gewaltigen Reiches preisgegeben werden? Ähnlich wie in 1[22] wird geschrieben an »Provinz um Provinz« an »Volk um Volk«. Viermal werden in H diese Worte wiederholt. Drei Gruppen von hohen persischen Verwaltungsbeamten (ein persisches, ein akkadisches Lehn- und ein hebräisches Wort) werden aufgezählt. Berittene Schnellkuriere jagen über die zahlreichen Poststraßen. Drei starke, fast synonyme Ausdrücke für »töten« werden gebraucht. Das alles wirkt erdrückend: Aus diesem Großreich, ihr Juden, gibt es kein Entfliehen, nur erbarmungslose, vollständige Vernichtung!

3[13a-13g] G bringt hier zusätzlich in unsemitischem, antik rhetorischem Stil den Wortlaut des Ausrottungsdekretes, von dem 3[12.13] die Rede war. Anfang und Ende dieses Erlasses kontrastieren: Man spricht von Frieden und ordnet ein Blutbad an. Der schlechte Eindruck wird propagandistisch verwischt. Alte Vorwürfe gegen das Judentum werden aufgegriffen und übersteigert Esr 4[19]. Im Hintergrund steht auch hier der selbstherrliche Judenhasser Haman. 3 Makk 3[12-29] (aus dem 1. Jh. v. Chr.) läßt Ptolemäus IV. (222–204) mit ähnlichen Worten die Ausrottung der ägyptischen Juden anordnen.

[13a.13b] Zu Absender und Adressaten des Briefkopfes s. 1[1a] 1[1] 8[9]; der Gruß fehlt, vgl. aber 8[12b]. Die Selbstverherrlichung des Artaxerxes geschieht in Formeln, welche die biblische Tradition auch von Gott gebraucht: »Gebieter der οἰκουμένη« Ps 23[1] 49[12] Jes 10[14] 14[26], »trotz Machtfülle Milde« Weish 12[18]. Die harten Maßnahmen gegen die Juden [13f] sollen als Ausfluß seiner Friedensliebe und Herrschersorge erscheinen. Schon Darius I. (522–486) hatte die strategische und wirtschaftliche Bedeutung der Straßen erkannt. Die von Herodot V, 52 beschriebene »Königsstraße« von Susa nach Sardes hatte eine Länge von 2673 km und 111 Stationen, wo Pferde und Boten zur Ablösung bereitstanden.

[13c-13e] Die Initiative geht – anders als 3[8]

erreicht werden könnte, hat Haman, der sich bei uns durch seine Besonnenheit hervorgetan und seine unwandelbare edle Gesinnung und feste Treue unter Beweis gestellt hat und der im Reich den zweithöchsten Rang innehat, 13d uns darauf hingewiesen, daß sich ein bestimmtes heimtückisches Volk unter alle Nationen der Erde gemischt habe, das durch seine Gesetze zu jedem anderen Volk in Gegensatz stehe. Es mißachte ununterbrochen die Anordnungen unserer Könige, so daß die Verwaltung des ganzen Reiches beeinträchtigt ist, obwohl sie von uns ausgezeichnet geleitet wird. 13e So sind wir zu der Ansicht gelangt, daß dieses Volk als einziges sich gegen alle Menschen ohne Ausnahme feindselig verhält, nach absonderlichen und befremdlichen Gesetzen lebt und sich gegen die Interessen unseres Landes stellt und die schlimmsten Verbrechen begeht, so daß im Reich keine geordneten Verhältnisse eintreten können. 13f Darum ordnen wir an: Alle, die euch Haman, der Leiter der Staatskanzlei, unser zweiter Vater, in seinem Brief näher beschrieben hat, sollen am vierzehnten Tag des Monats Adar des laufenden Jahres samt ihren Frauen und Kindern ohne Gnade und Erbarmen durch das Schwert ihrer Feinde radikal ausgerottet werden. 13g So werden diese seit jeher feindseligen Menschen an einem einzigen Tag eines gewaltsamen Todes sterben und in die Unterwelt hinabfahren, unser Land aber wird sich in Zukunft einer beständigen und ungestörten Ruhe erfreuen.

Gen 45[8]

14 In jede einzelne Provinz wurde eine Abschrift des Erlasses geschickt, und dieser wurde als Gesetz veröffentlicht, damit alle Völker für diesen Tag bereit seien. 15 Die Boten ritten hinaus, durch königlichen Befehl zur

3 13g wörtlich nach G: »...hinabfahren und für die Zukunft uns ermöglichen, die Regierungsgeschäfte immer beständig und ungestört (zu üben).«

– vom König aus durch Befragung der Ratgeber 1[13.14]. Haman antwortet. Doch zuvor wird durch eine überschwengliche Lobrede auf ihn seinen Vorschlägen eine zuverlässige Grundlage gegeben. In 3[1] war vom zweithöchsten Rang noch nicht die Rede, vgl. aber 8[12l] 1 Sam 23[17] 2 Chr 28[7] und Mordechais Stellung in 10[3]. Der Name des Volkes wird nicht genannt. Die gegen es erhobenen Anschuldigungen sind fast die gleichen wie 3[8]. Die Behauptung der Alleinschuld der Juden stellt eine Verschärfung der Anklage dar, neu ist auch die zweimal erwähnte Konsequenz: die Gefährlichkeit dieses Volkes für eine geordnete Reichsregierung.

13f Namentlich wird das zu vernichtende Volk erst bezeichnet sein in einem Begleitschreiben Hamans, dessen Lob hier noch ergänzt wird. »Zweiter Vater« meint eine besondere Vertrauensstellung 8[12l] Gen 45[8] Jes 22[21] 2 Chr 2[12] 4[16] 1 Makk 11[32]. In 3[7] 8[12.12s] 9[1] ist der 13. Tag des Adar als Vernichtungstag bestimmt, nach 9[18] ist der 14. Adar der zweite Kampftag nur in Susa. Hier liegt offenbar ein Versehen des Schreibers vor.

15 In M setzt der Verfasser durch vier Verbalsätze mit vorangestelltem Subjekt ein deutliches Struktursignal für das Ende der Erzähleinheit. Zugleich reißt er den Leser von Schauplatz zu Schauplatz, von den Eilboten, die in

Eile gedrängt. Während das Gesetz in der Burg Susa veröffentlicht wurde, saßen der König und Haman beisammen und tranken; die Stadt Susa aber war in großer Aufregung.

## DIE ABWENDUNG DER GEFAHR: $4^{1}$–$7^{10}$

### *Esters Vermittlung:* $4^{1-17}$

4 1 Als Mordechai von allem, was geschehen war, erfuhr, zerriß er seine
Kleider, hüllte sich in Sack und Asche, ging in die Stadt und erhob ein lau-
tes Klagegeschrei. 2 So kam er bis vor das Tor des Königspalastes; aber es
war nicht erlaubt, im Trauergewand durch das Tor des Palastes zu gehen.
3 Auch in allen Provinzen herrschte bei den Juden überall große Trauer,
sobald der Erlaß und das Gesetz des Königs eintrafen. Man fastete, weinte
und klagte. Viele schliefen in Sack und Asche. 4 Als die Dienerinnen und
Kämmerer zu Ester kamen und ihr berichteten, erschrak die Königin sehr.
Sie schickte Mordechai Gewänder, damit er sich bekleiden und das Trau-
ergewand ablegen könne. Doch er nahm sie nicht an. 5 Da rief Ester den
königlichen Kämmerer Hatach, den der König zu ihrem Diener bestimmt
hatte, und schickte ihn zu Mordechai, um zu erfahren, was vorgefallen sei

die Provinzen reiten, zur Burg Susa und von da zur Stadt. Er steigert wirkungsvoll durch den Kontrast »der mit seinem Großwesir zechende König« und »die aufgeregte Stadt«.

$4^{1-17}$ Zunächst wird kurz berichtet $^{1-3}$, daß Mordechai und die Juden in Susa und in den Provinzen die durch die Tradition geheiligten Trauerriten vollziehen, vgl. Jdt $8^{6}$ Ez $21^{17}$ $27^{31}$. Im Verlauf der anschließenden Erzählung $^{4-17}$ bildet $^{14}$ mit seiner verhaltenen Theologie den Höhepunkt. Mordechai hat den festen Glauben, daß sein Volk unter dem Schutz der Vorsehung steht und daß Esters Erhebung zur Königin der Anfang einer neuen Rettung ist. Er weiß aber auch, daß Gottes Strafe den Menschen trifft, der sich der ihm aufgetragenen Sendung entzieht. Ester wählt den Weg des freiwilligen Opfers. Sie weiß um die Schwere dieses Weges und um ihre eigene Schwäche. Darum sollen ihre Glaubensgenossen ein außergewöhnliches Fasten üben; denn mit Gebet und Fasten wandte man sich in gefahrvoller Zeit zu Gott Jdt $4^{9}$ 2 Chr $20^{3.4}$.

$^{1-3}$ Trauerbräuche werden nicht nur bei einem Todesfall vollzogen, sie können auch durch eine unausweichlich bevorstehende Landeskalamität verursacht sein Jon $3^{5.6}$. Von den verschiedenen augenfälligen Gebräuchen werden hier die wichtigsten erwähnt: das Einreißen des Gewandes, das Tragen eines groben, aus dunklen Ziegenhaaren gewebten, mantelartigen Umhangs (*śaq* = indoeuropäisches Wort), das Bestreuen des Kopfes mit Staub Ijob $2^{8}$, das Fasten, Weinen und das Klagegeschrei. Letzteres ist als eine Art der Klageerhebung zu verstehen, mit der der Bedrohte das Eingreifen der Rechtsinstanz fordert Jer $20^{8}$ Hab $1^{2}$ Ijob $19^{7}$. Das Verbot, im Trauergewand die königlichen Gebäude zu betreten, ist sonst nicht belegt.

$^{4.5}$ Ester verhandelt mit Mordechai durch Zwischenboten. Für den ersten Botenauftrag hat der Verfasser die denkbar einfachste Form gewählt:

und warum er sich so seltsam verhalte. 6 Hatach ging zu Mordechai auf
den Marktplatz vor das Tor des Palastes hinaus. 7 Und Mordechai erzählte
ihm alles, was geschehen war, und sagte ihm sogar, wieviel Silber Haman
in die königlichen Schatzkammern liefern wollte, sobald er die Juden aus-
gerottet hätte. 8 Er gab ihm auch eine Abschrift des Erlasses über die Aus-
rottung der Juden, der in Susa veröffentlicht worden war; ihn sollte Ha-
tach Ester zeigen, ihr alles erzählen und sie dringend bitten, zum König zu
gehen und ihn inständig um Gnade für ihr Volk anzuflehen. 9 Hatach kam
und berichtete Ester, was Mordechai gesagt hatte. 10 Ester schickte Ha-
tach wieder zu Mordechai und ließ ihm sagen: 11 Alle Diener des Königs
und alle Einwohner der königlichen Provinzen wissen, daß für jeden,
Mann oder Frau, der zum König in den inneren Hof geht, ohne gerufen
worden zu sein, das gleiche Gesetz gilt: Man tötet ihn. Nur wenn der Kö-
nig ihm das goldene Zepter entgegenstreckt, bleibt er am Leben. Ich bin $5^{2}$ $8^{4}$
schon dreißig Tage nicht mehr zum König gerufen worden. 12 Hatach
teilte Mordechai mit, was Ester gesagt hatte. 13 Mordechai ließ Ester erwi-
dern: Glaub ja nicht, weil du im Königspalast lebst, könntest du dich als
einzige von allen Juden retten. 14 Wenn du in diesen Tagen schweigst,
dann wird den Juden anderswoher Hilfe und Rettung kommen. Du aber
und das Haus deines Vaters werden untergehen. Wer weiß, ob du nicht
gerade dafür in dieser Zeit Königin geworden bist? 15 Ester ließ Mordechai
antworten: 16 Geh und ruf alle Juden zusammen, die in Susa leben. Fastet
für mich! Eßt und trinkt drei Tage und Nächte lang nichts! Auch ich und

Ester schickt Kleider, deren Annahme verweigert wird. Beim zweiten Auftrag wird der Bote namentlich genannt (Hatach = Kurier) und die Verhandlung in indirekter Rede berichtet.

6 Der Verfasser denkt sich den Marktplatz zwischen Burg – Palast und Stadt.

11 Beim dritten Botenauftrag wird in direkter Rede die unheilverheißende Tatsache ausgesprochen, daß Ester offenbar in der Gunst des Königs gesunken ist. Die Begnadigungszeremonie ist nur hier belegt, das mannshohe hölzerne (?), mit rundem goldenen Knauf versehene Zepter (*šarbiṭ* = Aramäismus für *šæbæṭ*) ist Zeichen der Regierungsgewalt (vgl. Audienzrelief aus dem Schatzhaus von Persepolis).

13 wirkt besonders eindrucksvoll dadurch, daß der Erzähler vom Leser erwartete Gedanken oder Begründungen einfach weggelassen hat, z.B. Esters Leben stehe so oder so auf dem Spiel, ihre jüdische Abstammung werde doch herauskommen, zumal sie den Bediensteten schon bekannt sei, niemand könne wissen, ob der König eine Ausnahme zu ihren Gunsten mache.

14 Heil und Rettung werden »anderswoher« (*mimmāqōm 'aḥer*) kommen. Das ist verhüllende Umschreibung (s. Einleitung) für den helfenden und strafenden Gott. Auch in der späteren rabbinischen Literatur wird mit *māqōm* der Gottesname bezeichnet. Ebenso weist die Bemerkung, Ester und das Haus ihres Vaters würden untergehen, auf die Gottesstrafe hin, die – wic öfter im AT – den Charakter der Solidarität, der Sippenhaftung trägt.

16 Ester erbittet als geistliche Unterstützung Versammlung und außergewöhnliches Fasten. »Versammle« (*k*$^{e}$*nōs*) könnte Anspielung auf die Synagoge, das Haus der Versammlung (*bēt k*$^{e}$*næsæt*) sein. Fasten bedeutet hier

meine Dienerinnen wollen ebenso fasten. Dann will ich zum König gehen, obwohl es gegen das Gesetz verstößt. Wenn ich umkomme, komme ich eben um. [17] Mordechai ging weg und tat alles genau so, wie es Ester ihm befohlen hatte.

### *Das Gebet Mordechais:* $4^{17a-i}$ G = $13^{8-18}$ Vg

[17a] Mordechai dachte an alle die Taten des Herrn, und er betete zum
2 Chr $20^{6f}$ Herrn: [17b] Herr, Herr, König, du Herrscher über alles! Deiner Macht ist das All unterworfen, und niemand kann sich dir widersetzen, wenn du Israel retten willst; [17c] denn du hast Himmel und Erde gemacht und alles, was wir unter dem Himmel bestaunen. Du bist der Herr über alles, und niemand kann es wagen, sich dir, dem Herrn, entgegenzustellen. [17d] Du kennst alles. Du weißt, Herr, daß es weder aus Hochmut noch aus Überheblichkeit, noch aus Ruhmsucht geschah, wenn ich mich vor dem überheblichen Haman nicht niedergeworfen habe. Denn ich würde gern seine Fußsohlen küssen, wenn es für die Rettung Israels von Nutzen wäre. [17e] Ich habe so gehandelt, weil ich nicht die Ehre eines Menschen über die Ehre Gottes stellen wollte. Ich werde mich vor niemand niederwerfen,

wirksamste Form des Bittgebets. Ester beendet ihre Rede mit der im Anschluß an Gen $43^{14}$ formulierten Sentenz, die den Sinn ihres Opfers des Gehorsams und der Liebe ausspricht.

$4^{17a-17i}$ G hat hier ein Bittgebet Mordechais eingeschaltet [17b-17h], das folgende Struktur aufweist: Berufung auf Gottes Macht, Unschuldsbeteuerung des Beters, dringende Bitte um Errettung, dankender Lobpreis. Das Gebet gibt dem Leser Einblick in die Gefühle des frommen Diasporajuden und gehört in die Nähe von Sir $36^{1-17}$.

[17a-17c] Die meditative Vergegenwärtigung »aller Taten des Herrn« und die Häufung der göttlichen Ehrentitel schaffen dem Beter starke Motive des Vertrauens. Sicher denkt er an die Befreiung aus Ägypten. In 3 Makk $6^{4-8}$ zählt Eleasar dazu noch auf: die Bewahrung vor Sanherib, Daniels und seiner Gefährten Errettung aus dem Feuerofen und der Löwengrube, des Jona Rückkehr aus dem Fischbauch. »All«, in [17c] eingehender ausgeführt, ist in den späteren Schriften Bezeichnung für Welt Ps $8^{7}$ Sir $43^{27}$ 3 Makk $2^{3}$. »Israel« nennen sich die Juden vor allem in Beziehung zu Gebet und Predigt [17i] [17k] [17m] $10^{3.4}$; auch in Qumran wird »Israel« häufig gebraucht. Zweimal wird die Unwiderstehlichkeit Gottes erwähnt, vor ihr müssen sich auch Großkönige beugen 2 Chr $20^{6}$ Jdt $16^{14}$.

[17d.17e] Des Diasporajuden Mordechais Weigerung, allgemein übliche Bräuche (auch Proskynese) mitzumachen, konnte ihm von seiner heidnischen Umgebung als Überheblichkeit ausgelegt und die Schuld am Pogrom ihm selbst zugeschoben werden. Er weist darum auf seine Unterwerfungsbereitschaft durch den Fußkuß hin. Dieser war im biblischen Raum bekannt Jes $49^{23}$ Ps $2^{11.12}$ (nach Korrektur) Ps $72^{9}$ Lk $7^{38}$ Apg $10^{25}$ und persische Hofsitte Xenophon, Kyrupädie VII, 5, 32. Die befohlene Ehrenbezeugung vor Haman muß er verweigern, da sie nur Gott gebührt. Hier spiegelt sich die ängstlich-gesetzliche Haltung des Verfassers der Makkabäerzeit, der nicht berücksichtigt, daß die Proskynese vor

außer vor dir, meinem Gott, und ich handle nicht aus Überheblichkeit so.
$^{17f}$ Und nun, Herr und Gott, König, Gott Abrahams, verschone dein
Volk! Denn sie blicken voll Haß auf uns und wollen uns ins Verderben
stürzen; sie sind darauf aus zu vernichten, was von Anfang an dein Erbbe-
sitz war. $^{17g}$ Übersieh dein Erbteil nicht, das du dir von den Ägyptern los-
gekauft hast. $^{17h}$ Hör auf mein Flehen, hab Erbarmen mit deinem Erbbe-
sitz und verwandle unsere Trauer in Freude, damit wir am Leben bleiben
und deinen Namen preisen, Herr; laß den Mund derer, die dich loben,
nicht verstummen! – $^{17i}$ Auch ganz Israel schrie mit aller Kraft (zum
Herrn); denn der Tod stand ihnen vor Augen.

## *Das Gebet der Ester:* $4^{17k-z}$ G = $14^{1-19}$ Vg

$^{17k}$ Auch die Königin Ester wurde von Todesangst ergriffen und suchte
Zuflucht beim Herrn. Sie legte ihre prächtigen Gewänder ab und zog die
Kleider der Notzeit und Trauer an. Statt der kostbaren Salben tat sie

dem persischen König selbstverständlich war und daß auch Ester $8^{3}$ und Mordechai als Großwesir sich ihr nicht entziehen konnten.

$^{17f-17h}$ Hier beginnt die eigentliche Bitte um die Rettung des Volkes. Als neue Anrufung fungiert »Gott Abrahams« Ex $3^{6}$ Ps $47^{10}$, offensichtlich im Hinblick auf Israel, das »von Anfang an« Gottes Erbbesitz war. Die Begriffe Erbteil, Erbbesitz, loskaufen entstammen deuteronomischem Gedankengut Dtn $9^{26}$ $32^{9}$, s. auch 1 Kön $8^{51}$ Ps $28^{9}$ $94^{5}$ Sir $17^{17}$. Letztes Motiv für die Gebetserhörung und zugleich Folge der gewährten Rettung sind Freude und Lobpreisung. Εὐωχία $8^{12u}$ ist eigentlich die vom Festmahl ausgehende lärmende Freude (Purimfest!). Daß nur die Lebenden Gott preisen, findet sich öfter in den Psalmen $6^{6}$ $30^{10}$ $88^{11}$ $115^{17.18}$ und auch in akkadischen Hymnen.

$^{17i}$ Alle Israeliten sollen spüren, daß es um ihr Überleben geht. Dreimal setzt der Autor deshalb αὐτῶν: mit ihrer Kraft, ihr Tod, vor ihren Augen.

$4^{17k-17z}$ Ein kurzer Bericht über Esters Bußwerke führt hin zu ihrem Gebet $^{17l-17z}$. Im ersten Teil $^{17l-17t}$ werden nach Anrufung Gottes und Hinweis auf die drohende Gefahr Themen der Heils- und Unheilsgeschichte aufgezählt von Israels Anfängen bis zur gegenwärtigen Verfolgung. Dann folgen die eigentlichen Bitten in bezug auf die Feinde, die Juden und Ester. Im zweiten Teil $^{17u-17z}$ rechtfertigt Ester ihr persönliches Verhalten. Am Schluß steht die Bitte um des Volkes und ihre eigene Befreiung. Das Gebet enthält mannigfache Motive des Klageliedes des Volkes und des einzelnen. Es bietet eine Synthese der traditionellen Glaubensinhalte Israels: Gottes Königsherrschaft umfaßt auch die nichtigen Götzen. In seiner Gerechtigkeit bestraft er die Sünder und hilft den Frommen. Er hat Israel erwählt und die den Patriarchen gegebenen Verheißungen erfüllt. Esters Gebetsform könnte ein vorbildlicher Flehruf sein für alle, die niedergedrückt sind wegen des verfolgten Gottesreiches auf Erden.

$^{17k}$ Zu den üblichen Bußriten vgl. $4^{1-3}$. Hinzu kommt der Verzicht auf persönlichen Schmuck; die herabhängenden Haarsträhnen (στρεπτῶν τριχῶν) dürften auf die sonst getragenen Halsketten (στρεπτοί) anspielen.

Asche und Staub auf ihr Haupt, vernachlässigte ihren Körper, und wo sie sonst ihren prunkvollen Schmuck trug, hingen jetzt ihre Haare in Strähnen herab. Und sie betete zum Herrn, dem Gott Israels: [17l] Herr, unser König, du bist der einzige. Hilf mir! Denn ich bin allein und habe keinen Helfer außer dir; die Gefahr steht greifbar vor mir. [17m] Von Kindheit an habe ich in meiner Familie und meinem Stamm gehört, daß du, Herr, Israel aus allen Völkern erwählt hast; du hast dir unsere Väter aus allen ihren Vorfahren als deinen ewigen Erbbesitz ausgesucht und hast an ihnen gehandelt, wie du es versprochen hattest. [17n] Wir aber haben uns gegen dich verfehlt, und du hast uns unseren Feinden ausgeliefert, weil wir ihre Götter verehrt haben. Du bist gerecht, Herr. [17o] Jetzt aber ist es unseren Feinden nicht mehr genug, uns grausam zu unterjochen, sondern sie haben ihren Götzen geschworen, dein Versprechen zu vereiteln, deinen Erbbesitz zu vernichten, den Mund derer, die dich loben, verstummen zu lassen und das Licht deines Tempels und das Feuer auf deinem Altar auszulöschen. [17p] Statt dessen wollen sie den Heiden den Mund öffnen, damit sie ihre nichtigen Götzen preisen und auf ewige Zeiten einen sterblichen König verherrlichen. [17q] Überlaß dein Zepter, Herr, nicht den nichtigen Götzen! Man soll nicht höhnisch über unseren Sturz lachen. Laß ihre Pläne sich gegen sie selbst kehren; den aber, der all das gegen uns veranlaßt hat, mach zum warnenden Beispiel! [17r] Denk an uns, Herr! Offenbare dich in der

Dtn 6[20-25] Ps 78[3-7] Dtn 7[6] Ri 2[6] Ps 105[6.15]

[17l.17m] Die Anrufung stellt den Königstitel Gottes heraus [17b.17f], vom »sterblichen König« wird [17p] die Rede sein. Der Verfasser spielt mit dem Wort μόνος: Weil Gott »allein«, einzig ist Dtn 6[4], soll er Ester, die »allein« dasteht, helfen [17t]. Israels Erwählung beginnt mit Abraham Jos 24[2f] und vollendet sich in der Erfüllung der den Patriarchen gegebenen Verheißungen Dtn 4[37.38]. Zu Erbbesitz vgl. [17f.17g]. Durch die Familie wird diese Tradition weitergegeben Dtn 6[20-25] Ps 78[3].

[17n-17p] Der Verfasser hat Esters Sündenbekenntnis nach dem deuteronomistischen Schema gestaltet: Abfall Israels zum Götzendienst, Bestrafung durch Verbannung und Knechtschaft Ri 2[11-15] 2 Kön 17[7-23] Tob 3[4] Jdt 5[18] Dan 9[5-15]. Letztere wird mit der Formel »Du bist gerecht, Herr« als Gottes Gericht anerkannt Ps 119[137] Esr 9[15] Neh 9[8.23]. Der Autor hat aber auch die Erfahrungen seiner eigenen, wahrscheinlich schon etwas zurückliegenden Lebenszeit eingebracht: In der Religionsverfolgung unter Antiochus IV. Epiphanes (175–163) wurden Tempel und Altar anderen kultischen Zwecken dienstbar gemacht 1 Makk 1[44-49.54.59] 2 Makk 6[2-9] vgl. Dan 9[26.27] Jdt 9[8]. Der Schwurritus wird wörtlich so dargestellt: »... sie haben ihre Hände in die ihrer Götterbilder gelegt.« Das furchtbare Ziel der Verfolger wird zunächst negativ ausgedrückt, dabei fällt das fünfmal gesetzte Pronomen der 2. Person auf. In positiver Diktion wird [17p] ihr Triumph mitgeteilt und dabei auf den Herrscherkult angespielt.

[17q.17r] Vom Zepter (σκῆπτρον) Gottes ist sonst im AT nicht die Rede, obwohl der Gott gegebene Königstitel das nahegelegt hätte [17r]. Für das Zepter des Artaxerxes hat G in 4[11] 5[2] den Ausdruck ῥάβδος, wohl um das unterschiedliche Königtum zu unterstreichen. Esters Bitte bezieht sich zunächst auf die Feinde: Ein Spottgelächter über das vernichtete Israel möge ihnen nicht

Zeit unserer Not, und gib mir Mut, König der Götter und Herrscher über
alle Mächte! 17s Leg mir in Gegenwart des Löwen die passenden Worte in
den Mund, und stimm sein Herz um, damit er unseren Feind haßt und ihn
und seine Gesinnungsgenossen vernichtet. 17t Uns aber rette mit deiner
Hand! Hilf mir, denn ich bin allein und habe niemand außer dir, o Herr!
17u Du kennst alles. Du weißt auch, daß ich den Prunk der Heiden hasse
und das Bett eines Unbeschnittenen und Fremden verabscheue. 17v Du
weißt, daß ich das Zeichen meiner Würde verabscheue und es an den Ta-
gen meines öffentlichen Auftretens nur unter Zwang auf dem Kopf trage.
17w Ich verabscheue es wie die blutigen Stoffetzen zur Zeit meiner Unrein- Lev $15^{19-30}$
heit und trage es nicht an den Tagen, an denen ich meine Ruhe habe.
17x Deine Magd hat nicht am Tisch Hamans gegessen, ich habe keinem
königlichen Gelage durch meine Anwesenheit Glanz verliehen und habe
keinen Opferwein getrunken. 17y Seit deine Magd hierher kam, bist du für

vergönnt sein, und sie mögen gleichsam nach dem Gesetz der Wiedervergeltung bestraft werden, Haman als erster. Mit einer relativ seltenen Gebetsformel bittet Ester dann um Bekundung der Macht Gottes in der Trübsal des Volkes, um sogleich ihre eigene schwierige Aufgabe dem »König der Götter« anzuempfehlen. Diese formelle Anrede findet sich nur noch in der G zu Dtn $9^{26}$; in der altorientalischen Umwelt war sie nicht selten als Prädikat für den Gott, der an der Spitze des Pantheons steht. Neu ist auch der Begriff ἀρχή (= Macht) für überirdische, das menschliche Leben beeinflussende Kräfte vgl. ἀρχαί Röm $8^{38}$ Eph $3^{10}$ $6^{12}$ Kol $1^{16}$ Tit $3^{1}$.

17s.17t »Löwe« ist Bild für den mächtigen, zornigen und darum gefährlichen Artaxerxes Spr $19^{12}$ $20^{2}$ $28^{15}$. In der ausdrücklichen Nennung der Gesinnungsgenossen drückt sich die Erfahrung des Diasporajudentums aus, daß ein Pogrom nie von einem allein ausgeht. Zusammenfassend wiederholt Ester die Bitte für ihr Volk und sich selbst. Die fast gleichlautenden 17l und 17t inkludieren den ersten Teil des Gebetes.

17u Im zweiten Teil beteuert Ester ihre Unschuld. Sie fand nie Freude an der königlichen Stellung, da sie eine Ehrung vor Heiden war. Die Ehe mit Heiden galt von alters her als nicht in Ordnung Gen $24^{3}$ Dtn $7^{3}$ Jos $23^{12}$ und war durch die Reform des Esra und Nehemia stark unterdrückt worden Esr $9^{2f.12}$ $10^{2}$ Neh $10^{31}$ $13^{23-27}$. Die Zwangslage Esters war die Not vieler Diasporajuden. Man half sich, indem man innerlich Abwehrstellung bezog und äußerlich auswich, wo es möglich war.

17v-17x Durch das Königsdiadem mußte Ester in der Öffentlichkeit als persische Frau erscheinen, ihr eigenes Volkstum sozusagen verleugnen. Die Größe ihres Abscheus macht sie durch einen realistischen Vergleich klar. Die hier gemeinte geschlechtliche Unreinheit ist Lev $15^{19-25}$ beschrieben. Eine weitere Schwierigkeit war für Ester die Enthaltung von Blut, Fett und unreinen Fleischspeisen Lev $7^{23-27}$ $11^{2-47}$ Dtn $14^{3-21}$. Bei Trankopfern wurde nur ein geringer Teil des Weins vor den Götterbildern ausgegossen, der übrige wurde beim Opfermahl oder bei anderen Mahlzeiten getrunken. Die Frage, ob Ester als Königin den Gelagen fernbleiben konnte – man denke nur an das Hochzeitsfest $2^{18}$ –, läßt der griechische Erzähler unbeantwortet.

17y.17z Das Judentum unterscheidet sich auch noch vom Heidentum durch

sie der einzige Grund, sich zu freuen, Herr, du Gott Abrahams. $^{17z}$ Gott,
du hast Macht über alle: Erhöre das Flehen der Verzweifelten, und befrei
uns aus der Hand der Bösen! Befrei mich von meinen Ängsten!

### *Die Audienz beim König:* $5^{1-4}$ [$5^{1a-f.\ 2a.b.}$ G = $15^{4-19}$ Vg]

$5^{1}$ Am dritten Tag legte Ester ihre königlichen Gewänder an und ging in
den inneren Palasthof, der vor dem Haus des Königs lag. Der König saß
im Königshaus auf seinem Königsthron, dem Eingang gegenüber. $^{2}$ Als
der König die Königin Ester im Hof stehen sah, fand sie Gnade vor seinen
Augen. Der König streckte ihr das goldene Zepter entgegen, das er in der
Hand hielt. Ester trat näher und berührte die Spitze des Zepters.
[$5^{1}$ Am dritten Tag legte Ester, als sie ihr Gebet beendet hatte, ihr Bußge-
wand ab und zog ihre Prunkgewänder an. $^{1a}$ Nachdem sie ihre strahlende
Schönheit wiedergewonnen hatte, betete sie zu dem allsehenden Gott und
Retter. Dann nahm sie zwei Dienerinnen mit; auf die eine stützte sie sich
nach der Art der vornehmen Frauen, die andere ging hinter ihr und trug
ihr die Schleppe. $^{1b}$ Sie selbst strahlte in blühender Schönheit, ihr Gesicht
war bezaubernd und heiter, ihr Herz aber war beklommen vor Furcht.

die Ausschließlichkeit der Freude am Gott Abrahams $^{17f}$. Aus Ehrfurcht vor diesem Gott redet Ester von sich in der 3. Person. Seit ihrer Verbringung in den Harem dürften etwa zwei Jahre vergangen sein. Das Gebet endet eindrucksvoll mit den beiden gleichen Imperativen, die mit den Personalpronomen der 1. Person Plural und Singular verbunden sind: Befreie uns, befreie mich!

In $5^{1-8}$, der Erzählung von der Audienz beim König und dem Festmahl der Ester, wagt die Heldin den ersten Schritt zur Rettung ihres Volkes. Sie findet die Gunst des Herrschers, ihre Einladung zum Festmahl wird angenommen. Natürliche und übernatürliche Mittel tragen zum Gelingen bei: frauliche Schönheit und Schwäche ebenso wie vorbereitendes Gebet und unerwartete göttliche Hilfe. Auf ähnliche Weise konnte auch Judit das Herz des Holofernes gewinnen Jdt 9–12. Ester erscheint so als die weise, anpassungsfähige Frau, deren »Anmut ihren Mann entzückt« und deren »Klugheit seine Glieder erfrischt« Sir $26^{13}$ vgl. Sir $36^{27}$. Und wenn Artaxerxes ihr bis zur Hälfte seines Königreiches bietet, dürfte auch das ein weisheitlicher Zug sein, den Ben Sira in die Worte faßt: »Eine Gottesgabe ist eine schweigsame Frau, unbezahlbar ist eine Frau mit guter Erziehung« Sir $26^{14}$.

$^{1.2}$ Der dritte Tag wird in der Bibel gern mit bedeutungsvollen Taten verbunden z. B. Gen $40^{20}$ $42^{18}$ Ex $19^{11.16}$ Ri $20^{30}$ 2 Sam $1^{2}$. Esters Erscheinen wird als Audienz geschildert, in der eine wichtige königliche Entscheidung fallen soll – neunmal gebraucht der Erzähler die Wurzel *mālak* (= Königsein). »Königshaus« kann den gesamten Palastkomplex ebenso bezeichnen wie auch das speziell vom König bewohnte Gebäude. Der innere Palasthof konnte nur mit besonderer Erlaubnis betreten werden. $^{2}$ birgt deshalb den gefährlichsten Augenblick der Estertat. Wird Artaxerxes ihr Todesurteil aussprechen oder wird er sie freundlich aufnehmen?
$^{1-1b}$ Den mehr nüchternen Bericht von $^{1.2}$ malt der deuterokanonische Verfas-

1c Sie durchschritt alle Türen und blieb vor dem König stehen. Er saß auf
seinem königlichen Thron, angetan mit seinen Prunkgewändern voll Gold
und Edelsteinen. Der Anblick war furchterregend. 1d Als er aufblickte
und die Königin in wildem Zorn mit feuerrotem Gesicht ansah, wurde sie
bleich, fiel in Ohnmacht und sank auf die Schulter der Dienerin, die vor-
ausging. 1e Da erweichte Gott das Herz des Königs. Besorgt sprang er
vom Thron auf und nahm sie in seine Arme, bis sie wieder zu sich kam.
Dann redete er ihr mit freundlichen Worten zu und sagte: 1f Was hast du,
Ester? Ich bin dein Bruder, sei unbesorgt! Du sollst nicht sterben; denn
unser Befehl gilt nur für die anderen. Komm her! 2 Dann nahm er das gol- 4 11
dene Zepter, legte es ihr auf den Nacken, küßte sie und sagte: Nun rede
mit mir! 2a Da sagte sie zu ihm: Ich sah dich, Herr, wie einen Engel Got-
tes, und mein Herz erschrak aus Furcht vor deinem majestätischen An-
blick; denn du bist herrlich, Herr, und dein Gesicht ist voll Wohlwollen.
2b Während sie mit ihm redete, fiel sie wieder in Ohnmacht. Der König

ser aus, gestaltet ihn spannend, dramatisch. Ester benutzt Schönheit, Prunkgewänder und Gebet, um ihr Ziel zu erreichen. Wahrscheinlich trägt sie ihr Diadem, dazu ein langes Kleid mit weiten Ärmeln aus blauem und weißem Brokatstoff 8[15] mit aufgesetztem Schmuck und darüber einen leichten Umhang aus purpurnem Byssus mit Schleppe. Gemäß dem Hofprotokoll ist sie von zwei vertrauten Damen begleitet. Der Kontrast zwischen ihrer glänzenden äußeren Erscheinung und ihrer inneren Angst und Hilflosigkeit kommt auch in den Funktionen dieser beiden Hofdamen zum Ausdruck.

1c.1d Selbst die Lage des Throngemachs wird in die ausschmückende Schilderung einbezogen, es befindet sich am Ende einer Reihe von Zimmern. Der Urtext meint mit »jeglichem Gewand seiner Erscheinung« den Ornat, den der König bei öffentlichen und privaten Audienzen zu tragen pflegt; er wird ähnlich den Prunkgewändern der Königin ausgesehen haben [1b], »Gold und Edelsteine« weisen auf Gürtel, Hals- und Armbänder hin. Esters unangemeldetes Erscheinen erregt den Zorn des Königs, dieser wiederum löst bei Ester eine Ohnmacht aus.

1e.1f Der gefährliche Höhepunkt ist erreicht, hier kann nur Gott die Wende bringen: Die Stimmung des Königs schlägt zu liebevoller Besorgnis um. Der Verfasser läßt ihn in indirekter und direkter Rede beschwichtigend auf Ester einsprechen. Die Bezeichnung »Bruder« soll das enge Verhältnis des Königs zu Ester, auch in seiner Würde als Thronender, zum Ausdruck bringen; sie läßt aber auch an die schützende Rolle denken, die ein Bruder gegenüber der unverheirateten Schwester hat. Artaxerxes versichert, daß das Verbot des Zutritts zum König für sie keine Geltung habe.

2-2b Die Art, wie der König das Zepter handhabt, und der Kuß sind eine Übersteigerung von 5[2]. Ester deutet in echt orientalischer Höflichkeit den anfänglichen Zorn des Königs um, der Vergleich mit dem Engel lehnt sich wohl an 2 Sam 14[17.20] u. ö. an. Die Ursache der erneuten Ohnmacht muß für den Erzähler in der plötzlichen Wandlung vom Erschrecken zum Erlebnis der Gnade gelegen haben, auch kommt die Macht der erfahrenen Gebetserhörung in dem Überwältigtsein durch die körperliche Schwäche gut zum Ausdruck. Daß das Gefolge erst jetzt in Erscheinung tritt, unterstreicht das Alarmierende der zweiten Ohnmacht. Die

war sehr bestürzt, und sein ganzes Gefolge suchte ihr Mut zu machen.]
V.$^{6}$ $7^{2}$ $9^{12}$ 3 Der König sagte zu ihr: Was willst du, Königin Ester? Was hast du für
Mk $6^{23}$ einen Wunsch? Auch wenn es die Hälfte meines Reiches wäre, du sollst es
erhalten. 4 Ester antwortete: Wenn es dem König gefällt, möge er heute
mit Haman zu dem Festmahl kommen, das ich für ihn vorbereitet habe.

### *Die Einladung zum Festmahl bei Ester:* $5^{5-8}$

5 Der König sagte: Holt in aller Eile Haman her, damit wir Esters Wunsch
erfüllen können. Und der König kam mit Haman zu dem Festmahl, das
Ester vorbereitet hatte. 6 Als sie beim Wein saßen, sagte der König zu
Ester: Was hast du für eine Bitte? Sie wird dir erfüllt. Was hast du für einen
Wunsch? Selbst wenn es die Hälfte des Reiches wäre, man wird es dir ge-
ben. 7 Ester antwortete: Das ist meine Bitte und mein Wunsch: 8 Wenn ich
beim König Gnade gefunden habe und es ihm gefällt, mir zu geben,
worum ich bitte, und meinen Wunsch zu erfüllen, dann möge der König
auch morgen mit Haman zu dem Festmahl kommen, das ich für sie veran-
stalte. Morgen will ich dann die Frage des Königs beantworten.

große Bestürzung des Königs zeigt, daß seine Liebe zu Ester noch besteht, und sie bereitet zugleich auf die Zusage von $^{3}$ vor.

$^{3.4}$ Der König beeilt sich geradezu, Ester entgegenzukommen. Die elliptische Konstruktion der Versprechensformel deutet das an. Diese hyperbolische Redensart betont die Großzügigkeit des Königs vgl. Herodot IX, 109 Mk $6^{22.23}$. Esters bescheidene Bitte überrascht den Hörer; denn er hatte erwartet, daß sie diese günstige Gelegenheit ergreifen werde. Dennoch bleibt er in einer gewissen Spannung. Der Erzähler legt dieses kleine retardierende Moment ein, ohne es freilich weiter auszunutzen.

$^{5.6}$ Artaxerxes hat begriffen, daß Ester nicht nur zu einem Festmahl eingeladen hat, er möchte möglichst bald das eigentliche Anliegen erfahren. Der Erzähler fügt daher »in aller Eile« hinzu, läßt die Tageszeit unbekannt, spart die Zeit der Vorbereitung des Mahles aus, übergeht die Ausführung des Königsbefehls, erwähnt sofort den zweiten Teil des Gelages (»beim Wein«) und bringt eine Variation der Königsfrage von $^{3}$.

$^{7.8}$ Ester bricht die begonnene Antwort ab und lädt unter Verwendung von Höflichkeitsformeln für den folgenden Tag noch einmal ein. Es ist müßig, für diese Ausbuchtung sachliche oder psychologische Gründe zu suchen, für die der Text kaum Anhaltspunkte bietet. Der Erzähler wiederholt die Handlung, um einige die Geschehensfolge noch enger verknotende Episoden einzuschalten. Dieses Stilmittel wirkt hier retardierend und hält die Spannung aufrecht: Wie wird der König reagieren, wird er nicht doch in der Zwischenzeit seine Gesinnung ändern?
Die erste eingeschobene Episode $5^{9-14}$ trägt gattungsmäßig Züge der »Anekdote« und »Weisheit«. Sie charakterisiert Haman als den Stolzen und Dummen, der sich mit äußeren Dingen brüstet und nichts von der Beziehung Esters zu Mordechai merkt. Er illustriert die Weisheitssprüche: »Nicht ziemt dem Menschen die Maßlosigkeit« Sir $10^{18}$, »der Tor läßt sich gehen und ist vermessen« Spr $14^{16}$. Der in der

## *Hamans Racheplan gegen Mordechai:* $5^{9-14}$

9 Haman ging an diesem Tag fröhlich und gut gelaunt nach Hause. Als er
aber am Tor des Königspalastes Mordechai sah, der sich nicht erhob und
keinerlei Ehrfurcht vor ihm zeigte, geriet er in Zorn über Mordechai.
10 Doch er ließ sich nichts anmerken. Er ging nach Hause und rief seine
Freunde und seine Frau Seresch zu sich. 11 Und er erzählte ihnen von sei-
nem gewaltigen Reichtum und von seinen vielen Söhnen, von all der
Macht, die ihm der König verliehen habe, und wie er ihn hoch über alle
anderen Fürsten und königlichen Diener gestellt habe. 12 Haman sagte:
Auch Königin Ester hat an dem Festmahl, das sie veranstaltete, nur den
König und mich teilnehmen lassen. Und auch morgen bin ich von ihr zu-
sammen mit dem König eingeladen. 13 Aber mein Glück ist noch nicht
vollkommen, solange ich den Juden Mordechai am Tor des Palastes sitzen
sehe. 14 Da sagten seine Frau Seresch und alle seine Freunde zu ihm: Man
könnte doch einen Galgen errichten, fünfzig Ellen hoch. Du aber sag
morgen früh dem König, man solle Mordechai daran aufhängen. Dann
kannst du mit dem König frohen Herzens zu dem Mahl gehen. Der Vor-
schlag gefiel Haman sehr, und er ließ den Galgen aufstellen.

Spruchliteratur versierte Leser ahnt, daß dieser Hochmütige zu Fall kommt Spr $16^{18}$ $26^{27}$. Mordechais Standhaftigkeit und Glaubensmut kontrastieren eindrucksvoll mit Hamans Stolz.

9 Der Verfasser versteht es glänzend, auch stilistisch dem Stimmungswechsel Ausdruck zu verleihen. In M arbeitet er mit Synonymen und Stabreim. Bei Mordechai wird aus der Verweigerung der Proskynese $3^{2.5}$ ein radikales »er erhob sich nicht und rührte sich nicht«. Der jüdische Leser muß diesen mutigen Mordechai bewundern, der selbst vor dem, der das Urteil über alle Juden ausgesprochen hat, keinerlei Furcht zeigt.

11.12 Viele Kinder zu besitzen, galt im gesamten Alten Orient als Glück Herodot I, 136 Ps $127^{3-5}$ Weish $3^{16}$–$4^{6}$ Sir $40^{15}$. An sich brauchte Haman mit seinem Reichtum, Kindersegen und seinen Auszeichnungen vor seinen Angehörigen nicht zu prahlen, sie wissen das ja alles. Der Verfasser schafft mit diesem retardierenden Moment einen wirkungsvollen Gegensatz zu der bevorstehenden Erniedrigung Hamans; denn seine Güter werden konfisziert, seine Söhne werden getötet, und seine Stellung wird an einen anderen übergehen. Hamans Eitelkeit jedoch macht ihn blind gegenüber diesen drohenden Gefahren. Er ist dumm, er hat nichts bemerkt von den schwierigen Umständen, unter denen seine Einladung durch die Königin zustande kam, und erst recht ahnt er nichts von der Beziehung Esters zu Mordechai.

13.14 Der Zorn gegen den Juden Mordechai läßt Haman offensichtlich nicht bis zum 13. Adar warten. Zur Pfählung s. $1^{10}$ Dtn $21^{22.23}$ Jos $8^{29}$ Klgl $5^{12}$ Gen $40^{19.22}$ $41^{13}$. Hier ist mit Aufhängen an den Galgen wohl nicht die Hinrichtungsart gemeint, sondern das Ausstellen der Leiche zum Schimpf. Die Hyperbolie, die in der exorbitanten Höhe des Galgens zum Ausdruck kommt, symbolisiert den unvernünftigen Haß Hamans und seiner Umgebung und will die Hinrichtung Mordechais besonders auffällig machen. Am Anfang und Ende der Einheit $^{9-14}$ findet sich

## *Die Erhöhung Mordechais:* $6^{1-14}$

$6^{1}$ In jener Nacht konnte der König nicht einschlafen. Darum ließ er sich
das Buch der Denkwürdigkeiten, die Chronik, bringen, und man las ihm
$2^{21-23}$ daraus vor. [2] Da fand man den Bericht, wie Mordechai Bigtan und Teresch
anzeigte, die beiden königlichen Kämmerer, die zu den Türhütern gehör-
ten und einen Anschlag auf den König Artaxerxes geplant hatten. [3] Der
König fragte: Welche Belohnung und Auszeichnung hat Mordechai dafür
erhalten? Die Diener des Königs, die um ihn waren, antworteten: Er hat
nichts erhalten. [4] Da fragte der König: Wer steht draußen im Hof? Haman
aber war gerade in den äußeren Hof des Königspalastes gekommen, um
dem König zu sagen, man solle Mordechai an dem Galgen aufhängen, den
er für ihn hatte aufstellen lassen. [5] Die Diener antworteten dem König:
Haman steht im Hof. Der König sagte: Er soll hereinkommen. [6] Haman
trat ein. Der König fragte ihn: Was soll mit einem Mann geschehen, den
der König besonders ehren will? Haman dachte: Wen könnte der König
wohl mehr ehren wollen als mich? [7] Deshalb sagte Haman zum König:

das Adverb *śāmeaḥ*, (froh), das hier im Hinblick auf das Folgende einen Schuß Ironie hat.

$6^{1-14}$ ist eine formvollendete Erzählung von der Erhöhung bzw. Erniedrigung der beiden Hauptakteure Mordechai und Haman. Sie geht von einem Ruhepunkt aus: Es wird vorgelesen. Ein Gespräch des Königs mit seinen Dienern führt zum eigentlichen Thema: Mordechai muß geehrt werden. Das plötzliche Auftreten Hamans und das Frage- und Antwortspiel des Königs mit ihm über die Art der Ehrung führen zum Höhepunkt: Haman muß selbst diese Ehrung an seinem bestgehaßten Feind vollziehen. Durch das schnelle Abtreten der beiden Hauptpersonen kommt die Erzählung zur Ruhe und klingt aus in einem Weisheitsspruch. Das Irrationale hat der Verfasser diesmal hinter dem überraschenden, ja unwahrscheinlichen Ablauf der Ereignisse verborgen. Der König hat eine schlaflose Nacht, er stößt zufällig auf den durch Mordechai vereitelten Anschlag und will die Belohnung nachholen. Hamans frühzeitiges Erscheinen führt zu einer Entwicklung, die nicht einmal vom König beabsichtigt ist. Haman spricht in seiner eitlen Ichsucht sich selbst das demütigende Urteil. Mordechai wird gegen alle Hoffnung geehrt vgl. Sir $10^{14}$.

[1] Gründe für die Schlaflosigkeit des Königs gibt der Erzähler nicht an, nebensächliche Details überläßt er gern der Phantasie des Hörers. In G und Dan $6^{19}$ erscheint sie als höhere Fügung.

[2.3] Diese Szene ist vom Erzähler durch $1^{1m-1p}$ // $2^{21-23}$ gut vorbereitet. [1q] deutet allerdings die Belohnung (Beförderung) an. Die Großzügigkeit der Perserkönige gegenüber Personen, die sich besondere Verdienste erworben haben, ist bekannt Herodot III,138.140; V,11; VIII,35; IX,107.

[4.5] Der König möchte Mordechai schleunigst belohnen, Haman denselben Mann sehr bald aufhängen lassen. Die Eile geht auf die gleiche Person, allerdings mit entgegengesetzten Zielen. Das kommt in M durch Kurzrede und Alliteration gut zum Ausdruck.

[6.7] Das höfische Zeremoniell verlangt, daß der König die Unterredung beginnt. Er fragt aber Haman nicht, was

Wenn der König einen Mann besonders ehren will, 8 lasse er ein königli-
ches Gewand holen, das sonst der König selbst trägt, und ein Pferd, auf
dem sonst der König reitet und dessen Kopf königlich geschmückt ist.
9 Das Gewand und das Pferd soll man einem der vornehmsten Fürsten des
Königs geben, und er soll den Mann, den der König besonders ehren will,
bekleiden, ihn auf dem Pferd über den Platz der Stadt führen und vor ihm
ausrufen: So geht es einem Mann, den der König besonders ehren will.
10 Darauf sagte der König zu Haman: Hol in aller Eile das Gewand und
das Pferd, und tu alles, was du gesagt hast, mit dem Juden Mordechai, der
am Tor des Palastes sitzt. Und laß nichts von dem aus, was du vorgeschla-
gen hast. 11 Haman nahm das Gewand und das Pferd, kleidete Mordechai
ein, führte ihn auf dem Pferd über den Platz der Stadt und rief vor ihm aus:
So geht es einem Mann, den der König besonders ehren will. 12 Dann
kehrte Mordechai zum Tor des Palastes zurück. Haman aber eilte nach
Haus, traurig und mit verhülltem Kopf. 13 Und er erzählte seiner Frau Se-
resch und seinen Freunden alles, was ihm zugestoßen war. Seine weisen

ihn so früh hierher führe, sondern wendet sich an ihn mit dem Leitwortsatz, was mit einem Mann geschehen solle, »den der König besonders ehren will« (sechsmal in $^{6-11}$). Der eitle Haman hört das Wort »ehren« und denkt sofort an sich.

$^{8.9}$ Die Art der Ehrung tangiert auch den ästhetischen Bereich: »königliches« Gewand, Pferd mit Kopf»schmuck«. Der letzte Relativsatz soll dazu deutlich machen, woran das Pferd als ein »königliches« zu erkennen ist, eine Streichung (vgl. BHS) ist nicht notwendig. Eine Steigerung der Ehrung wird dadurch erreicht, daß Investitur mit dem Königsgewand, Ritt über den Stadtplatz und Proklamation durch einen Hochadligen vorgenommen werden. Die Ehrungselemente dürften eine literarische Modifikation von 1 Kön $1^{33}$ Gen $41^{42.43}$ darstellen vgl. 1 Makk $10^{62.63}$.

$^{10.11}$ »Jude« ist das mittlere Wort des Königsbefehls, und zum erstenmal gibt hier der König dem Mordechai diesen Beinamen. Der jüdische Hörer soll Stolz und freudige Genugtuung empfinden. Im dunkeln läßt der Verfasser, ob der König tatsächlich keine Ahnung von der Existenz eines Vernichtungsdekrets gegen die Juden hat. Für Haman bedeutet dieser Königsbefehl, dem er ohne Widerrede nachkommen muß, eine furchtbare Überraschung und Demütigung. Der Erzähler hat $^{6-11}$ durch das Motiv des Verschweigens von Name und Beziehung geradezu dramatisch gestaltet und das Motiv von der überraschenden Wende daraus resultieren lassen: Nicht das ersehnte Ereignis tritt in Erscheinung, sondern etwas total Anderes, Enttäuschendes. Haman glaubt sich als den Empfänger der Ehrung, muß diese aber an seinem ihm verhaßtesten Feind vollziehen 2 Sam $12^{1-7}$ $14^{4-17}$ Mt $21^{40-45}$. Ein feiner Motivzug liegt noch darin, daß weder die ungewöhnlich hohe Ehrung Mordechais noch die beschämende Erniedrigung Hamans in der Absicht des Königs liegen. Der Hörer kann spüren: Letztlich ist es Gottes gerechte Fügung, die das Gute belohnt und das Böse bestraft.

$^{12.13}$ Zum Verhüllen des Kopfes bei drohender Katastrophe vgl. 2 Sam $15^{30}$ Jer $14^{3.4}$. Die Freunde Hamans und seine Frau werden »Weise« genannt, weil der Verfasser ihnen in Form eines »Weisheits«spruchs seinen eigenen Glauben an Israels Erwählung und Er-

(Ratgeber) und seine Frau Seresch sagten: Wenn Mordechai, der dich
schon zu stürzen begonnen hat, zum Volk der Juden gehört, wirst du
nichts gegen ihn ausrichten, sondern du wirst gewiß durch ihn zu Fall
kommen. [14] Als sie noch redeten, trafen die königlichen Kämmerer ein,
um Haman in Eile zu dem Festmahl zu holen, das Ester vorbereitet hatte.

### *Hamans Ende:* $7^{1-10}$

$7^{1}$ Der König und Haman kamen zu dem Mahl, das die Königin Ester gab,
$5^{6}$ [2] und der König sagte auch am zweiten Tag zu Ester, als sie beim Wein sa-
ßen: Was hast du für eine Bitte, Königin Ester? Sie wird dir erfüllt. Was
hast du für einen Wunsch? Selbst wenn es die Hälfte des Reiches wäre –
man wird es dir geben. [3] Die Königin Ester antwortete: Wenn ich beim
König Wohlwollen gefunden habe und wenn es ihm gefällt, dann möge
mir und meinem Volk das Leben geschenkt werden. Das ist meine Bitte

$7^{3}$ wörtlich: »...wenn ich in deinen Augen, König, Wohlwollen gefunden habe.«

haltung in den Mund legt Jdt $5^{21}$ vgl. Jer $2^{3}$ Jes $61^{5.6}$ $63^{1-6}$ $66^{6}$ Sach $14^{12}$ und öfter.

$7^{1-10}$ beginnt mit dem kurzen Hinweis auf das zweite Trinkgelage und schreitet in Rede und Gegenrede zum Höhepunkt, dem Offenbarwerden des Judenfeindes Haman. Die Einheit schließt mit der Pfählung des Agagiters. Sie ist als »Erzählung« zu deklarieren. Wie in $6^{6-11}$ hat der Verfasser das Motiv des Verschweigens der Beziehungen wirkungsvoll gehandhabt: Dem König ist unbekannt, daß sich Hamans Ausrottungsbefehl gegen die Juden richtet. Weder Artaxerxes noch Haman wissen, daß Ester eine Jüdin ist. Haman muß schweigen und darf zu seiner Entlastung nicht vorbringen, daß seine Absicht keineswegs gegen das Leben der Königin ging. Ester allein ist bei allem die Wissende und klug Handelnde. Aber auch sie schweigt und klärt den wahren Sachverhalt nicht auf. Haman fällt endgültig in die Grube, die er Mordechai gegraben hat. Sein Fußfall vor Ester nützt nichts. Sie spricht weder ein verzeihendes noch ein fürbittendes Wort. Der Autor vertritt hier seine harte alttestamentliche Ethik: Gegen den Volks- und Gottesfeind gibt es nur die strafende göttliche Gerechtigkeit.

$^{1-3}$ Alles drängt in dieser Szenenwiederholung auf der Königin schwergewichtige Bitte zu. Es wird verschwiegen, ob Ester in der Zwischenzeit etwas von der Ehrung Mordechais bzw. der Demütigung Hamans erfahren hat. Aus der zusätzlichen, ehrenden Anrede »Königin Ester« kann man heraushören, daß sich des Königs Gesinnung seit gestern nicht geändert hat. Mit dem persönlicheren Ton »in deinen Augen, König« appelliert Ester gleichsam im letzten Moment noch einmal an die Gattenliebe des Artaxerxes. Der Höhepunkt, die eigentliche Esterbitte, ist in M eine zweigliedrige, durch auslautende i-Assonanz zusammengehaltene Wortkette: Leben – Bitte, Volk – Wunsch. Ester nennt sich an erster Stelle, dadurch wird der König überrascht, der sicherlich mehr Interesse am Leben der Königin hat als an dem des Volkes.

und mein Wunsch. 4 Man hat mich und mein Volk verkauft, um uns zu er-
schlagen, zu ermorden und auszurotten. Wenn man uns als Sklaven und
Sklavinnen verkaufen würde, hätte ich nichts gesagt; denn dann gäbe es
keinen Feind, der es wert wäre, daß man seinetwegen den König belästigt.
5 Da sagte der König Artaxerxes zu Königin Ester: Wer ist der Mann? Wo
ist der Mensch, der es wagt, so etwas zu tun? 6 Ester antwortete: Dieser
gefährliche Feind ist der verbrecherische Haman hier. Da erschrak Haman
vor dem König und der Königin. 7 Der König aber stand auf, verließ voll
Zorn das Trinkgelage und ging in den Garten des Palastes. Haman trat zu
Ester und flehte sie um sein Leben an; denn er sah, daß sein Untergang
beim König besiegelt war. 8 Als der König aus dem Garten wieder in den
Raum zurückkam, in dem das Trinkgelage stattfand, hatte sich Haman
über das Polster geworfen, auf dem Ester lag. Der König sagte: Tut man
jetzt sogar hier in meiner Gegenwart der Königin Gewalt an? Kaum hatte
der König das gesagt, da verhüllte man schon das Gesicht Hamans. 9 Har-
bona, einer der Hofbeamten, sagte zum König: Vor dem Haus Hamans
steht schon ein fünfzig Ellen hoher Galgen; ihn hat Haman für Mordechai
aufgestellt, der dem König durch seine Anzeige einen guten Dienst erwie-
sen hat. Der König befahl: Hängt ihn daran auf! 10 Da hängten sie Haman
an den Galgen, den er für Mordechai errichtet hatte, und der Zorn des
Königs legte sich.

$7^{7}$ wörtlich (brachylogisch): »Und der König sprang auf in seinem Zorn zum Palastgarten hin.«

4 will verdeutlichen. »Verkauft« spielt an auf $3^{9}$ $4^{7}$, die Verben »erschlagen, ermorden, ausrotten« werden aus $3^{13}$ zitiert. Zum Vergleich zieht Ester noch das Bild vom Sklavenverkauf heran. Mit dem letzten Satz begründet und entschuldigt sie zugleich ihr Vorgehen. Das Wort *ṣar* kann »Feind« und »Not« bedeuten. EÜ hat sich für »Feind« entschieden, wohl im Hinblick auf den »gefährlichen Feind« in 6.

5-7 Der Doppelfrage des Königs korrespondiert Esters zweigliedrige Antwort. Fein dargestellt ist dabei die Ironie, daß dieses »Wo« sich neben dem König befindet. Dieser eilt erbost in den Garten, um über Haman zu einem Entschluß zu kommen.

8 Des Königs Verweilen im Garten gibt zudem dem Erzähler die Möglichkeit, noch eine kleine Episode einzuschieben. Der Großwesir und Judenfeind muß die Jüdin und Königin kniefällig um sein Leben bitten. Der König deutet das hyperbolisch mit einem Stich ins Ironische als »Vergewaltigung im eigenen Haus«. Dem Leser soll klarwerden: Hier liegt ein todeswürdiges Verbrechen an der Majestät der Königin vor. Gesichtsverhüllung von Verbrechern ist bei den Persern nicht bekannt. Gerleman 120/24 übersetzt daher »..., fiel Haman in Ohnmacht«.

9.10 Durch Harbonas Rede, die sachlich nichts Neues bringt, wird dem König aber ein weiteres Verbrechen Hamans aufgedeckt: Mordechai, der Wohltäter des Königs, sollte auf Befehl Hamans aufgehängt werden. Das Gesetz der Wiedervergeltung wird an Haman vollzogen vgl. Tob $14^{10}$ Ps $7^{16.17}$ Ijob $4^{8}$ Spr $11^{8}$ Mt $7^{2}$.

## DIE RETTUNG DER JUDEN: 8[1]-10[3]

### *Mordechais Erhöhung und Esters erneute Bitte:* 8[1-6]

8 1 Noch am gleichen Tag schenkte König Artaxerxes der Königin Ester
das Haus des Judenfeindes Haman. Mordechai aber erhielt Zutritt zum
König; denn Ester hatte dem König gesagt, wie nahe Mordechai mit ihr
verwandt war. 2 Der König zog seinen Siegelring, den er Haman hatte ab-
nehmen lassen, vom Finger und gab ihn Mordechai. Ester machte Morde-
chai zum Verwalter von Hamans Haus. 3 Ester redete noch einmal mit
dem König; sie fiel ihm weinend zu Füßen und flehte ihn an, das drohende
Unheil, das der Agagiter Haman gegen die Juden geplant hatte, von ihnen
abzuwenden. 4 Der König streckte Ester sein goldenes Zepter entgegen,
und Ester stand auf und trat vor den König. 5 Sie sagte: Wenn es dem Kö-
nig gefällt und ich sein Wohlwollen gefunden habe, wenn ihm mein Vor-
schlag richtig erscheint und ich seine Gunst genieße, dann soll durch einen
schriftlichen Erlaß die Anordnung widerrufen werden, die der Agagiter
Haman, der Sohn Hammedatas, in der Absicht getroffen hat, die Juden in
allen königlichen Provinzen auszurotten. 6 Denn wie könnte ich das Un-

8[1-6] wird eingeleitet mit einem kurzen »Bericht« über Mordechais endgültige Erhöhung [1.2]. Esters Liebe und Dankbarkeit ihrem Pflegevater gegenüber kommt äußerlich darin zum Ausdruck, daß sie ihn über Hamans Hauswesen setzt. Höhepunkt der angeschlossenen »Erzählung« bildet Esters Fürbitte und deren Begründung [3-6]. Das Leben der Königin würde seinen Sinn verlieren, wenn sie das Leben ihrer Volksgenossen nicht gesichert sähe. Der Glaube, daß gottesfürchtige Menschen für andere, die in Not sind, wirksam bitten können, findet sich öfter in der Bibel Ex 5[1] Neh 2[5] Tob 1[22].

[1.2] »Haus« ist Synekdoche und steht für den ganzen Besitz, einschließlich der Bediensteten Gen 39[4] 1 Kön 13[8] Ijob 8[15]. Die »offizielle« Übergabe klingt in den drei Titeln durch, die mit den Personennamen verbunden sind. Die Überreichung des Siegelringes bedeutet: Mordechai tritt in die Stellung ein, die Haman vorher innehatte, dem persischen Großwesir folgt der jüdische 3[10] 10[3]. Mordechai wird von Ester zudem zum Verwalter des gesamten Vermögens Hamans eingesetzt.

[3.4] Trotz Hamans endgültiger Beseitigung und Mordechais Erhöhung ist die Gefahr für die Juden noch nicht gebannt, denn das Vernichtungsdekret ist ja noch in Geltung. In einer Audienz – ähnlich der von 5[1.2] – erscheint Ester vor dem König. Die Anwesenheit des ersten Ministers Mordechai setzt der Autor selbstverständlich voraus. Fußfall und Tränen passen kaum zum Hofzeremoniell, bereiten den Hörer aber auf ein »heikles« Gespräch vor, dessen Inhalt hier vorweggenommen wird. Die Zeremonie des Zepterhinstreckens hat einen anderen Sinn als in 4[11] und 5[2]; sie ist für Ester das Zeichen zum Aufstehen.

[5.6] Ester leitet ihr Anliegen mit vier wohlgesetzten Höflichkeitsformeln ein, die zum Teil aus früheren Reden bekannt sind 1[19] 5[4.8] 7[3]. Das ist eine Art captatio benevolentiae und betont die Inständigkeit und Dringlichkeit ihrer Bitte um ein Gesetz, das den Befehl zur Ausrottung ihres Volkes für ungültig

glück mit ansehen, das mein Volk trifft, wie könnte ich den Untergang meines Stammes mit ansehen?

### *Der Erlaß zum Schutz der Juden:* $8^{7-17}$

$8^{7-11.12a-v.\ 13-17}$ G = $8^{7-12}$ $16^{1-24}$ $8^{13-17}$ Vg

7 Da sagte König Artaxerxes zu Königin Ester und zu dem Juden Morde-
chai: Ich habe Ester das Haus Hamans übergeben, den man am Galgen
aufgehängt hat, weil er seine Hand gegen die Juden erhob. 8 Jetzt aber sollt
ihr im Namen des Königs einen schriftlichen Erlaß zugunsten der Juden
herausgeben, wie er euch richtig erscheint. Siegelt ihn mit dem königli-
chen Siegelring; denn ein Schreiben, das im Namen des Königs verfaßt
und mit dem königlichen Siegelring gesiegelt ist, kann nicht mehr rück-
gängig gemacht werden. 9 Da rief man die königlichen Schreiber; es war
der dreiundzwanzigste Tag im dritten Monat, dem Monat Siwan. Und so,

erklärt. Der Erzähler stellt es so dar, als ob die Jüdin Ester keine Ahnung von der Unwiderrufbarkeit der persischen Gesetze habe $1^{19}$. Um zu vermeiden, daß der König sich selbst als Miturheber dieses verhängnisvollen Befehls betrachtet, rückt er Haman in den Vordergrund. Esters Begründung ist mehr psychologisch und zitiert leicht umgewandelt Gen $44^{34}$. Zur Nebeneinanderstellung von Volk und Stamm vgl. $2^{20}$.

$8^{7-12}$ Die Erzählung von Esters erneuter Bitte endet mit der Zusage des Königs $^{7.8}$. In einem sachlichen Kurzbericht werden die Ausfertigung und Absendung des von Mordechai zum Schutz der Juden herausgegebenen Erlasses mitgeteilt $^{9.10}$.

$^{11.12}$ bringen den Inhalt des Erlasses in indirekter, zusammenfassender Form. Die Begeisterung des jüdischen Verfassers für die unabänderlichen persischen Königsgesetze fällt auf. Dahinter mag für ihn die Freude am beständigen und darum immer zu erfüllenden Gesetz Jahwes stehen. Auch die Verteidigung des Volkstums und der Religion sind für ihn etwas Selbstverständliches. Wer gegen Jahwes Volk vorgeht, greift Jahwe selbst an, er ist ein Gottloser und verdient Bestrafung; Menschen können als Werkzeuge dieser Bestrafung eingesetzt werden. Durch Mordechais Erlaß werden zwei wichtige Rechte der Diasporajuden gleichsam sanktioniert: die völkisch-religiöse Freiheit und die Selbstbetätigung, hier in Form der Selbstverteidigung.

$^{7.8}$ Die drei Namen und Titel bereiten die bedeutsame Antwort des Königs vor. Parallel zur Esterbitte bekundet er zunächst sein Wohlwollen. Das »Handerheben gegen die Juden« hat er genauso geahndet wie das »Handerheben gegen den König« $2^{21}$ $6^{2}$. Und genau wie Haman in $3^{11}$ bekommen jetzt Ester und Mordechai königliche Vollmachten. Freilich, der Bitte um Widerruf *(l$^{e}$hāšīb)* des Gesetzes wird die Unaufhebbarkeit *('ēn l$^{e}$hāšīb)* entgegengesetzt. Die Lösung dieses verwickelten Falles bleibt der Intelligenz der Königin und des Großwesirs überlassen.

$^{9.10}$ Die Ausfertigung des Dekrets zum Schutz der Juden wird mit ähnlichen Worten geschildert wie die des judenfeindlichen Erlasses Hamans in $3^{12.13}$. Die beiden Anordnungen liegen 70 Tage (günstige Zahl!) auseinander. Der Monat Siwan entspricht unserem Mai-Juni. Nach M nehmen die Juden unter den Adressaten die erste Stelle ein und

wie es Mordechai befahl, wurde zugunsten der Juden ein schriftlicher Erlaß herausgegeben und an die Satrapen, Statthalter und Fürsten der hundertsiebenundzwanzig Provinzen von Indien bis Kusch geschickt, für jede einzelne Provinz in ihrer eigenen Schrift und für jedes einzelne Volk in seiner eigenen Sprache.
10 Man verfaßte die Schreiben im Namen des Königs Artaxerxes, siegelte mit dem königlichen Siegelring und verschickte sie mit Eilboten auf Postpferden, die aus den königlichen Gestüten stammten.
11 Mit diesem Erlaß gestattete der König den Juden in allen Städten, sich zusammenzutun, um für ihr Leben einzutreten, um in jedem Volk und in jeder Provinz alle ihre Gegner samt ihren Frauen und Kindern zu erschlagen, zu ermorden und auszurotten und ihren Besitz zu plündern;
12 das sollte in allen Provinzen des Königs Artaxerxes am gleichen Tag geschehen, am dreizehnten Tag im zwölften Monat, dem Monat Adar.
12a Dies ist eine Abschrift des Briefes:
12b Der Großkönig Artaxerxes entbietet den Statthaltern der hundertsiebenundzwanzig Provinzen von In-

ihre Schrift und Sprache wird eigens erwähnt. Die Eilboten werden näher charakterisiert: Sie sind beritten, ihre Pferde sind von besonderer Güte. Die genaue Bedeutung des persischen Lehnwortes *'aḥaštrānīm* (herrschaftlich?) und des hapax legomenon *ramāk* (Rennstute, Gestüt, Pferdestationen der Reichsstraßen?) läßt sich nicht mehr ausmachen. Der Verfasser möchte sicher andeuten: Die Trauer der Juden soll schnell beendet werden, so daß sie Zeit für entsprechende Vorbereitungen gewinnen.

11.12 Der Inhalt des Dekrets wird mitgeteilt: Der Ausrottungsbefehl wird dadurch um seine Wirkung gebracht, daß ihm die Verteidigungserlaubnis entgegengesetzt wird. Übereinstimmend mit 3,13b wird die Anwendung des damaligen Kriegsrechts zugebilligt: Tötung von Frauen und Kindern, Plünderung des Besitzes. Tatsächlich wird später nichts berichtet von einer Tötung der Kinder, Frauen oder Greise, und es wird betont, daß sich die Juden am Besitz ihrer Gegner nicht vergriffen hätten 9,10.15.16. Da Angriff und Gegenwehr gleichzeitig erfolgen müssen, ist das Datum in beiden Erlassen dasselbe.

12a-12x Der Erlaß des Königs wird in der deuterokanonischen Ergänzung im Wortlaut geboten. Er richtet sich an die Perser und möchte aufzeigen, wie es zu dem Ausrottungsdekret Hamans kam, und zugleich zur Anerkennung der Untadeligkeit der Juden aufrufen. Er beginnt wie ein griechischer Brief mit Absender, Adressaten und Gruß. 12c-12i sind allgemeine »Reflexionen« über politische Ehrgeizlinge, die Herrscher und Volk ins Unglück stürzen. 12k-12r schildern Haman als einen solchen »Erzschurken« und die Juden als gesetzestreue und religiöse Staatsbürger. Reflexion und Schilderung sind zugleich eine Apologie des Königs im Munde der Juden.
12s-12x ist eine mit Sanktion versehene Aufforderung, den sich verteidigenden Juden beizustehen und den Sieg als Gedenktag zu feiern. Der Text verrät stark den Einfluß der hellenistischen Rhetorik. Er ist beseelt vom Glauben an den gerechten Gott, der das Böse haßt, der alles beherrscht und sein auserwähltes Volk ebenso wie die heidnischen Reiche erhält 2 Makk 8,4 Jes 43,20 Dan 4,34 6,27.

12a.12b Mit ähnlichen Worten wird 3,13a der Ausrottungserlaß eingeführt, hier

dien bis Kusch und allen, denen unsere Angelegenheiten am Herzen lie-
gen, seinen Gruß. 12c Viele, die aufgrund der überreichen Güte ihrer
Wohltäter hoch geehrt waren, waren damit noch nicht zufrieden; sie ver-
suchten nicht nur, unseren Untertanen zu schaden, sondern sie konnten
auch den Überfluß nicht ertragen und planen sogar Anschläge gegen ihre
eigenen Wohltäter. 12d Sie wollen nicht nur die Dankbarkeit unter den
Menschen beseitigen, sondern sie sind durch die Prahlerei derer, die vom
Guten nichts wissen wollen, überheblich geworden und meinen, dem Ge-
richt des alles durchschauenden Gottes, der das Böse haßt, entfliehen zu
können. 12e Schon viele, die als Herrscher eingesetzt waren, hat der
schlechte Einfluß von Freunden, die mit den Staatsgeschäften betraut wa-
ren, mitschuldig am Tod Unschuldiger gemacht und sie in schreckliches
Unglück gestürzt. 12f Das lautere Wohlwollen der Herrschenden wurde
durch ihre böswilligen und verlogenen Ratschläge getäuscht. 12g Das er-
sieht man schon aus den altüberlieferten Geschichten; noch viel deutlicher
aber wird es, wenn ihr all das untersucht, was vor euren Augen geschehen
ist: Die Niederträchtigkeit derer, die ihr hohes Amt mißbrauchten, hat zu
großem Unrecht geführt. 12h In Anbetracht der veränderten Lage nehmen
wir uns vor, in Zukunft darauf zu achten, daß alle Menschen im Reich un-
gestört und in Frieden leben können; 12i alles, was uns zur Kenntnis ge-
bracht wird, werden wir erst nach genauerem Zusehen entscheiden.
12k So ging es auch mit dem Mazedonier Haman, dem Sohn Hammedatas.
Obwohl er in Wahrheit dem persischen Volk und unserer Güte sehr fern-

allerdings mit der in griechischen Briefen üblichen Grußformel. Als Adressaten werden die Satrapen und wohl eine andere Klasse von untergeordneten Beamten genannt.

12c.12d Die Aussagen dieser Verse sind allgemein gehalten, zielen aber deutlich auf Haman ab. Mit »Wohltäter« sind die Könige gemeint. Den Titel Euergetes (= Wohltäter) trugen Ptolemäus I. (247–221) und Ptolemäus II. (169 bis 163). Die Günstlinge der Herrscher werden leicht zu Unterdrückern des Volkes und wenden sich gegen ihre Wohltäter. Hier ist offensichtlich an Haman gedacht, der die Juden ausrotten wollte 3 5 und in die Verschwörung der zwei Hofbeamten gegen den König mit verwickelt war 1[1r]. Er hat sich dem König gegenüber undankbar gezeigt und sich durch die aufreizenden Reden seiner Frau und seiner Freunde zur Beseitigung Mordechais verführen lassen. Haman und sein Anhang glaubten sich erhaben über Gottes Gebot und Strafgericht. Zum alles durchschauenden Gott vgl. 4[17d.u].

12e.12f Haman war ein »φίλος« (= Titel eines hohen Beamten) des Königs und mit der Führung der Staatsgeschäfte betraut, vgl. 1 Makk 6[14]. Die Verse enthalten ein verschleiertes Schuldbekenntnis des Herrschers.

12g-12i Die Felseninschrift von Bisutun z.B. berichtet von den Kämpfen Darius I. (521–485) mit dem mächtigen Gaumata und anderen Rebellen. Der König hat also aus der Geschichte und Gegenwart gelernt. Für letztere gebraucht er die nur hier in G belegte Wendung »was vor euren Füßen ist«. Die veränderte Lage ist mit Hamans Tod eingetreten.

12k-12o wenden die allgemeinen Ausführungen von 12c.f.g auf Haman an. »Mazedonier« stammt aus hellenisti-

stand, wurde er bei uns gastlich aufgenommen. 12l Er erfuhr unsere Liebe zu den Menschen, die wir allen Völkern erweisen, in so reichem Maß, daß er sogar als unser Vater ausgerufen wurde und als der zweite Mann neben dem König bei allen immer höchste Verehrung genoß. 12m Doch er ertrug seine hohe Würde nicht, sondern er wollte uns die Herrschaft und das Leben rauben. 12n Er versuchte, Mordechai, unseren Retter und steten Wohltäter, und Ester, die untadelige Mitinhaberin der Königswürde, durch hinterhältige Intrigen mit ihrem ganzen Volk ins Verderben zu stürzen. 12o Auf diese Weise glaubte er, uns aller Freunde zu berauben und die Herrschaft über die Perser den Mazedoniern verschaffen zu können. 12p Wir aber finden, daß die Juden, die dieser Erzschurke ausrotten wollte, keine Aufrührer sind, sondern daß sie als Bürger nach sehr gerechten Gesetzen leben, 12q als Kinder des höchsten, größten und lebendigen Gottes, der unser Reich, wie schon zu Zeiten unserer Vorfahren, in der schönsten Ordnung erhält. 12r Es wird daher gut sein, wenn ihr euch nicht nach den Schreiben richtet, die euch Haman, der Sohn Hammedatas, geschickt hat. Denn ihr Verfasser ist mit seiner ganzen Familie vor den Toren Susas gekreuzigt worden; der über alles herrschende Gott hat ihm nämlich sehr bald die wohlverdiente Strafe geschickt.

12s Ihr sollt überall eine Abschrift dieses Briefes öffentlich aushängen, damit man die Juden nach ihren eigenen Gesetzen leben läßt. Man soll ihnen helfen, sich an dem einen Tag, der für ihre Verfolgung festgesetzt war, gegen alle zu verteidigen, von denen sie angegriffen werden; es ist der dreizehnte Tag im zwölften Monat, dem Monat Adar. 12t Diesen Tag hat der alles beherrschende Gott statt zu einem Tag der Vernichtung für das aus-

scher Zeit und meint den Todfeind der Perserherrschaft; der Vernichter des Perserreiches war ja der Mazedonier Alexander. Zu den Titeln »Vater« und »Zweiter« vgl. 3 13f.13c. Ziel Hamans war, den König von seinen treuen Untertanen zu isolieren, um selbst König zu werden. Mordechai wird hier mit Titeln versehen, die sonst nur Herrschern zukommen: Zu σωτήρ (Retter) vgl. Antiochus I. Soter (280–261) und Ptolemäus VIII. Soter (117–108), zu εὐεργέτης (Wohltäter) s. o. 12c.

12p-12r Als Antithese zu 3 8-10 wird hier klimaktisch, vom Ethischen zum Gottesverhältnis aufsteigend, das Lob über die Juden ausgesprochen. Die Stelle reflektiert deutlich den Glauben des jüdischen Autors. »Söhne des lebendigen Gottes« findet sich auch bei Hos 2 1. Esr 1 2 6 10 Jes 45 1-6 künden von der Sorge Gottes für das persische Reich und seine Könige. 12r berichtet summarisch, ohne Rücksichtnahme auf Ort und Zeit, Hamans und seiner Söhne Bestrafung; nach 7 9 wurde Haman vor seinem Haus gehenkt, nach 9 10 erfolgt die Vernichtung seiner Söhne erst am 13. Adar. »Vor den Toren Susas« mag die jüdische Sitte widerspiegeln, Todesurteile außerhalb des Lagers zu vollstrecken Lev 24 14.

12s.12t Den Persern wird sogar empfohlen, die Juden zu unterstützen, 9 3 wird davon berichtet. Wie in 5 1e wird die Situationsänderung dem Eingreifen Gottes zugeschrieben. Durch die Erwähnung des Freudentages wird der Erzählung vorgegriffen, vgl. 9 20-23. Der Sieg der Juden wird einfach vorausgesetzt.

erwählte Volk zu einem Tag der Freude gemacht. [12u] Daher sollt ihr neben
euren großen Gedenktagen einen weiteren besonderen Festtag mit aller
Freude feiern, damit er von jetzt an uns und allen uns treu ergebenen Per-
sern Heil bringt; für die aber, die uns bedrohen, soll er ein Mahnmal des
Untergangs sein. [12x] Jede Stadt und jede Provinz, die nicht danach han-
delt, wird ohne Erbarmen mit Feuer und Schwert verwüstet. Kein Mensch
wird sie mehr betreten, selbst den Tieren und Vögeln soll sie für immer
verhaßt sein.
[13] In jeder einzelnen Provinz wurde eine Abschrift des Erlasses als Gesetz
für alle Völker veröffentlicht; die Juden sollten bereit sein, sich an diesem
Tag an ihren Feinden zu rächen. [14] Die Boten ritten auf Postpferden, die
aus den (königlichen) Gestüten stammten, hinaus, durch königlichen Be-
fehl zu großer Eile gedrängt. Auch in der Burg Susa wurde das Gesetz ver-
öffentlicht. [15] Als Mordechai den König verließ, trug er ein königliches
Gewand aus violettem Purpur und weißem Leinen, eine große goldene
Krone und einen Mantel aus kostbarem Leinen und rotem Purpur, und die
Stadt Susa war voll Jubel und Freude. [16] Die Juden waren glücklich, sie
jauchzten vor Freude und waren wieder angesehen. [17] In jeder Provinz

8[16] lautet wörtlich: »Den Juden wurde Licht und Freude, Fröhlichkeit und Ehrung zuteil.«

[12u.12x] Auch die Heiden sollen ein Siegesfest feiern, das zugleich eine Warnung für alle Revolutionäre im Lande ist. Die Strenge der Sanktion entspricht dem Ernst der Gefahr, vgl. Esr 7[26] 3 Makk 3[29]. Zum Motiv der Entblößung eines Landes von Menschen und Tieren (= absolute Verwüstung) vgl. Jer 4[25] 32[43] Ez 14[13].

8[13-17] Dieser Schlußteil beschreibt und schildert die Wirkung des veröffentlichten Erlasses: Mordechai, der Mittler zwischen Volk und Herrscher, wird besonders geehrt. Viergliedrige »Freude«formeln stehen im Vordergrund. Mit dem »Schrecken vor den Juden« greift der Verfasser ein biblisch-theologisches Motiv auf. »Schrecken vor Israel« war einst auf die Ägypter und die Bewohner Kanaans gefallen, da sie Jahwes Machttaten erlebten oder von ihnen hörten Jos 2[9] Ex 15[16] Ps 105[38]. Dieser Schrecken wird dem »Schrecken Jahwes« gleichgesetzt, weil Gott selbst ihn »dem ganzen Land ins Gesicht zeichnet« Dtn 11[25].

[13.14] »Sich rächen« ist hyperbolischer Ausdruck für das, was den Juden nach [11] gestattet war. [14] ist Parallele zu 3[15], freilich mit den nach [10] zu erwartenden Veränderungen. Die berittenen Eilboten werden noch schneller.

[15.16] Der Selbsterniedrigung Mordechais 4[1] ist die endgültige Erhöhung durch den König gefolgt. Die Auszeichnung von 6[11] ist somit zu einer dauernden geworden, das goldene Kranzdiadem stellt dabei eine besondere Ehrung dar, vgl. Herodot VIII,118. Die seinerzeit 3[15] in Bestürzung geratene Stadt Susa jubelt jetzt, d. h. die Bewohner sympathisieren mit den Juden. Die Metapher »Licht« für Freude könnte Ursache der Illuminationen am Purimfest oder der synagogalen Lektüre des Est beim Kerzenlicht sein.

[17] Das Motiv, daß Heiden, ja sogar Könige, das Judentum dadurch ehren, daß sie Proselyten werden, findet sich auch in anderen spätjüdischen Erzählungen. Es dürfte hyperbolischer Aus-

und in jeder Stadt, überall, wo der Erlaß des Königs und sein Befehl be-
kannt wurden, jauchzten die Juden vor Freude, sie aßen und tranken und
ließen es sich an diesem Tag gut gehen. In allen Völkern der Erde bekann-
Ps $105^{38}$ ten sich viele zum Judentum; denn ein Schrecken vor den Juden hatte sie
befallen.

### *Der Siegestag der Juden:* $9^{1-19}$

9 1 Am dreizehnten Tag im zwölften Monat, dem Monat Adar, sollte der
Erlaß des Königs und sein Befehl ausgeführt werden. Es war der Tag, an
dem die Gegner der Juden gehofft hatten, sie zu überwältigen. Doch nun
überwältigten umgekehrt die Juden ihre Feinde. 2 In allen Provinzen des
Königs Artaxerxes taten sich die Juden in den Städten zusammen und
überfielen die, die den Untergang der Juden geplant hatten. Niemand
konnte ihnen standhalten; denn alle Völker hatte Schrecken vor ihnen be-
fallen; 3 auch alle Fürsten der Provinzen, die Satrapen, Statthalter und kö-
niglichen Beamten, waren auf seiten der Juden; denn Schrecken vor Mor-
dechai hatte sie befallen. 4 Mordechai war nämlich im Königspalast hoch
angesehen, und es war in allen Provinzen bekannt geworden, daß er im-
mer einflußreicher wurde. 5 So metzelten die Juden alle ihre Feinde mit

druck für das staunende Erschrecken vor dem sein, der die Juden so wunderbar beschützt.

$9^{1-19}$ Der Siegestag der Juden wird zunächst durch einen »Kampfbericht« in echt orientalischem Stil eingeleitet; eigene Verluste werden nicht erwähnt; eingestreut ist eine »Notiz« über Mordechai $^{1-10}$. Religiös-ethische Akzente sind gesetzt: 1) durch die »Umkehrung«, die gemäß der Gesamtdarstellung eine wunderbare gewesen sein muß, vgl. Psalmendichter und Propheten, die den Gott preisen, der die Ereignisse umkehrt Ps $66^{6}$ $114^{8}$ Am $5^{8}$ Jer $31^{13}$ Jes $14^{2}$ $49^{23}$; 2) durch den »Schrekken«, der mit dem »Jahweschrecken« gleichzusetzen ist $8^{17}$; 3) durch den Verzicht auf Bereicherung durch Beute Gen $14^{22-24}$. $^{11-15}$ bietet eine »Kurzerzählung« mit dem einzigen Ziel, einen zweiten Feiertag durch einen zweiten Kampftag zu begründen. $^{16-19}$ ist wieder »Bericht« vom Kampf, verbunden mit einem Bericht von der Freudenfeier. Die Schilderung des weltweiten Gerichts über die Feinde ist sehr nüchtern, wenn man sie vergleicht etwa mit der Gerichtsschilderung in Jes $34^{6.7}$ oder Ez $39^{17-20}$ und mit der Freude, »Rache« zu üben in Ps $149^{7.8}$. Die Vorstellung von einer nach Besiegung der Feinde eintretenden Ruhe findet sich u. a. in Dtn $25^{19}$ Jos $21^{44}$ 2 Sam $7^{10.11}$ 1 Kön $5^{18}$ Jes $63^{14}$, allerdings ist es dort immer Jahwe, der diese Ruhe verschafft. Die Freudenfeier darf als ein Danklied auf den Helfer und Retter Jahwe betrachtet werden, vgl. Jdt 16.

$^{1-4}$ Der Verfasser überspringt einen Zeitraum von etwa acht Monaten und setzt mit dem aus $3^{7.13}$ bekannten Datum ein. Die Gegner, die gemäß dem ersten Dekret die Juden angriffen, werden mit drei verschiedenen Ausdrücken bezeichnet. Das Vergebliche dieses Widerstandes zeigt der Begriff »nicht standhalten«, vgl. Nah $1^{6}$ Ps $76^{8}$ Spr $27^{4}$. Der »Schrecken vor Mordechai« ist dem »Schrecken vor den Juden« $8^{17}$ parallel gesetzt. Die Notiz über ihn erinnert an Mose Ex $11^{3}$ und bereitet $10^{2.3}$ vor.

$^{5-10}$ Die Hyperbel »alle« Feinde meint

dem Schwert nieder; es gab ein großes Blutbad. Sie machten mit ihren
Gegnern, was sie wollten. 6 In der Burg Susa brachten die Juden fünfhun-
dert Männer um, 7 und auch Parschandata, Dalfon, Aspata, 8 Porata,
Adalja, Aridata, 9 Parmaschta, Arisai, Aridai und Wajesata, 10 die
zehn Söhne des Judenfeindes Haman, des Sohnes Hammedatas, töteten
sie, aber sie vergriffen sich nicht an ihrem Besitz. 11 Als man an jenem Tag
dem König meldete, wie viele Menschen in der Burg Susa erschlagen wor-
den waren, 12 sagte er zur Königin Ester: In der Burg Susa haben die Juden
ein Blutbad angerichtet; man hat fünfhundert Männer, auch die zehn
Söhne Hamans, umgebracht. Was haben sie dann wohl in den übrigen kö-
niglichen Provinzen getan? Hast du einen Wunsch? Er wird dir erfüllt
werden. Hast du eine Bitte? Sie soll erfüllt werden. 13 Ester antwortete:
Wenn es dem König gefällt, soll den Juden in Susa erlaubt werden, auch
morgen nach dem Gesetz von heute zu handeln. Außerdem soll man die
zehn Söhne Hamans an den Galgen hängen. 14 Der König befahl, es solle
so geschehen. Man gab also in Susa noch einen Erlaß heraus und hängte die
zehn Söhne Hamans auf. 15 Auch am vierzehnten Tag des Monats Adar ta-
ten sich die Juden in Susa zusammen und töteten dort dreihundert Män-
ner; aber an ihrem Besitz vergriffen sie sich nicht. 16 Die übrigen Juden in

»viele«. »Was sie wollten« ist im Lichte von 8[11] zu verstehen, also Tötung aller, die sie bekämpfen würden, einschließlich der Frauen und Kinder, ohne dabei von den persischen Behörden behindert zu werden. Die außerordentliche Höhe der runden Zahl 500 will besagen, daß es am Hof eine beträchtliche Anzahl Judengegner, aber auch Juden gab. Die Aufzählung der Namen, die vorzoroastrische Elemente beinhalten, soll der Verlebendigung dienen. Auch EÜ sieht in ihnen die Namen der Söhne Hamans. Die Zehn-Zahl zielt auf Vollendung, d.h. die Ausrottung des ganzen Geschlechts. Der Verzicht auf Beute wird vom Verfasser positiv eingeschätzt [15.16], möglicherweise als Kontrast zur Handlungsweise der Saulkrieger, die sich am Beutegut der Amalekiter bereicherten 1 Sam 15 oder der Israeliten in Ägypten, die von der einheimischen Bevölkerung allerlei Beute nahmen Ex 3[21.22] 12[35.36].

[12.13] Der König möchte Ester erfreuen, er erzählt ihr deshalb vom überwältigenden Erfolg ihrer Landsleute in Susa und erkundigt sich nach ihren weiteren Wünschen. Auch seine Frage bezüglich der Ereignisse in den Provinzen ist eher als ein staunender Ausruf aufzufassen. Esters Forderung nach einem zweiten Kampftag überrascht. Man hat zur Begründung oder Entschuldigung dieses Verlangens verschiedene Hypothesen aufgestellt. Der wahre Grund ist ein ätiologisch-literarischer. Der Autor will einen zu seinen Lebzeiten bestehenden Brauch begründen: Warum die jüdischen Landbewohner das Purimfest am 14. Adar und die Juden in Susa es am 15. Adar begehen. Er wendet darum das von ihm geliebte Stilmittel der Wiederholung einer Szene an 2[19] 8[3].

[14] Das Aufhängen der Hamansöhne ist hier als eine Ausstellung der Leichen zum Schimpf zu verstehen, eine im Alten Orient verbreitete Unsitte Jos 8[29] 1 Sam 31[10].

[16-18] Die hohe Rundzahl (3 x 25 x 1000) soll der großen Ausdehnung des Perserreiches entsprechen. Der zum dritten Mal [10.15] erwähnte Verzicht auf

den königlichen Provinzen versammelten sich, um für ihr Leben einzutre-
ten; sie verschafften sich Ruhe vor ihren Feinden und töteten fünfund-
siebzigtausend ihrer Gegner; aber an ihrem Besitz vergriffen sie sich nicht.
17 Das geschah am dreizehnten Tag des Monats Adar, am vierzehnten Tag
des Monats jedoch war Ruhe. Sie feierten ihn als Festtag mit Essen und
Trinken. 18 Die Juden in Susa aber versammelten sich am Dreizehnten und
Vierzehnten des Monats; bei ihnen war am Fünfzehnten wieder Ruhe,
und sie feierten ihn als Festtag mit Essen und Trinken. 19 Deswegen bege-
hen die Juden in den unbefestigten Orten auf dem Land den vierzehnten
Tag des Monats Adar als Festtag, den sie mit Essen und Trinken feiern und
an dem sie sich gegenseitig beschenken.

## *Die Einführung des Purimfestes:* $9^{20-32}$

20 Mordechai schrieb alles auf, was geschehen war. Er schickte Schreiben
an alle Juden in allen Provinzen des Königs Artaxerxes nah und fern 21 und
machte ihnen zur Pflicht, den vierzehnten und den fünfzehnten Tag des
Monats Adar in jedem Jahr als Festtag zu begehen. 22 Das sind die Tage, an
denen die Juden wieder Ruhe hatten vor ihren Feinden; es ist der Monat,
in dem sich ihr Kummer in Freude verwandelte und ihre Trauer in Glück.

$9^{17b}$ lautet wörtlich: »...sie machten ihn zu einem Tag des Gelages und der Freude.«

Plünderung will unterstreichen, daß es den Juden nur um Rettung des Lebens und um Sicherung des Fortbestandes als Volk, nicht um Bereicherung geht. Es handelt sich auch nicht direkt um eine Siegesfeier, Purim wird veranstaltet zur Erinnerung an die »Ruhe« $^{16.17.18}$ nach dem Sieg.

$^{19}$ Der Verfasser schreibt als Stadtjude und konstatiert nur die zu seiner Zeit bei den Landjuden gültige bzw. abweichende Sitte der Feier des Purimfestes. Das gegenseitige Beschenken ist symbolhafter Ausdruck einer gemeinsamen Freude Neh $8^{10.12}$.

In $9^{20-32}$ steht die Purimordnung im Mittelpunkt. Mordechai und Ester treten als Gesetzgeber auf. Die Autorität des persischen Großwesirs wird durch die der Königin gestärkt. Purim ist zwar kein spezifisch religiöses Fest, es feiert aber die Erinnerung an eine wunderbare Rettung und Ruhe. Es steht somit in Verwandtschaft zum Pascha- und Laubhüttenfest, die beide der Rettung bzw. Führung des Volkes durch Jahwe gedenken. Mordechai könnte sich wie Mose als das zur Rettung seiner Brüder bestimmte Werkzeug betrachten. Es verrät besondere Dankbarkeit, wenn man nicht nur das freudige Ereignis feiert, sondern auch durch Fasten und Buße der Not und Trauer gedenkt, die der Freude vorausgegangen sind.

$^{20-23}$ Was Mordechai aufschreibt und brieflich mitteilt, findet sich in $^{21.22}$. Hier bringt der Erzähler in indirekter Rede die eigentliche Purimordnung. Auf den Unterschied zwischen Stadt- und Landjuden wird nicht mehr hingewiesen $^{17}$. Die Begründung des Festes, das vornehmlich als Freudenfest gekennzeichnet wird, findet sich in den beiden Schlüsselworten »Ruhe halten« und »sich verwandeln«, nämlich aus

Sie sollten sie als Festtage mit Essen und Trinken begehen und sich gegenseitig beschenken, und auch den Armen sollten sie Geschenke geben. [23] So wurde bei den Juden das, was sie damals zum erstenmal taten und was Mordechai ihnen vorschrieb, zu einem festen Brauch. [24] Denn der Agagiter Haman, der Sohn Hammedatas, der Feind aller Juden, hatte den Plan gefaßt, die Juden auszurotten, und hatte das Pur, das heißt das Los geworfen, um sie in Schrecken zu versetzen und auszurotten. [25] Als das dem König bekannt wurde, ordnete er in einem Schreiben an: Sein böser Plan gegen die Juden solle auf ihn selbst zurückfallen; man hänge ihn und seine Söhne an den Galgen. [26] Darum nennt man diese Tage das Purimfest, nach dem Wort Pur. Wegen all dem, was in diesem Schreiben stand und was sie selbst gesehen und erlebt hatten, [27] machten es sich die Juden zur Pflicht und erklärten es zur unverbrüchlichen Satzung für sich, für ihre Nachkommen und für alle, die sich ihnen anschließen würden, diese beiden Tage alljährlich, wie vorgeschrieben, zur festgesetzten Zeit zu begehen. [28] Diese Tage sollten in Erinnerung bleiben und in jeder Generation, in jeder Familie, in jeder Provinz und in jeder Stadt begangen werden. Die Juden sollten nie aufhören, das Purimfest zu feiern, diese Tage sollten bei ihren Nachkommen nie vergessen werden. [29] Um den Purim-Erlaß mit allem Nachdruck zu bestätigen, verfaßten die Königin Ester, die Tochter Abihajils, und der Jude Mordechai ein zweites Schreiben. [30] Sie schickten es mit Glück- und Segenswünschen an alle Juden in den hundertsiebenundzwanzig Provinzen des Reiches des Artaxerxes, [31] um das Datum der Purimtage festzulegen, wie es der Jude Mordechai und Königin Ester an-

»Kummer in Freude«, aus »Trauer in Glück«. An die Armen denkt man auch an anderen Festen Tob 2[2].

[24-26a] zielen eindeutig auf den Namen der von den Juden begangenen Festfeier. Sie rekapitulieren 3[7-9] mit leichten Abweichungen: Feind »aller« Juden; »in Schrecken versetzen« = *hāmam* (Wortspiel zu Haman). Mit dem »Schreiben« ist der Gegenwehrerlaß 8[9-14] gemeint. Die resumeeartige Darstellung bringt es mit sich, daß die Tötung Hamans 7[9f] und seiner Söhne 9[10.14] als ein Teil seines Inhalts erscheint. Den Plural *pūrīm* deutet der Verfasser daraus, daß es sich um mehrere Purim-Tage handelt.

In [26b-28] wird in einem umständlichen Urkundenstil der Beschluß über die Einführung des Festes zu Protokoll genommen. Gegenüber 9[21.23] ist der Kreis derer, die sich zum Fest verpflichten, auf die Nachkommen und die Proselyten erweitert. Die rhetorische Wiederholung will den Gesetzescharakter der Festfeier zum Ausdruck bringen, da Purim als neues Fest nicht durch die Tora verbürgt ist.

[29-32] ist modifizierte Repetition von [20], die – wie schon öfter in Est 2[19] 8[3] 9[13] – einen neuen Gedanken einführt: das von Anfang an mit der Purimfeier verbundene Fasten. Sehr sinnvoll läßt der Verfasser Ester die Initiatorin sein, sie hatte ja schon 4[16] ein Fasten angeordnet. »Und der Jude Mordechai« [29] ist ebenso wie »und die Königin Ester« [31] späterer Zusatz. Das Klagen mag an 4[1] erinnern. Purim steht so auf einer Linie mit älteren jüdischen Festfeiern: Dem fröhlichen Laubhüttenfest geht das Fasten des großen Versöhnungstages voraus, den frohen Mazzottagen das ernste Paschaopfer.

geordnet und wie sie es selbst sich und ihren Nachkommen zur Pflicht gemacht hatten. Das Schreiben enthielt die Vorschriften für das Fasten und die Wehklage. $^{32}$ Esters Worte bestätigten die Anordnungen für das Purimfest, und alles wurde in einer Urkunde aufgezeichnet.

### *Der Bericht über die Taten des Artaxerxes und die Stellung Mordechais:* 10$^{1-3}$

10$^{1}$ König Artaxerxes verpflichtete das Land und die Inseln zum Frondienst. $^{2}$ Alle großen und eindrucksvollen Taten und der genaue Bericht über die hohe Stellung Mordechais, die ihm der König verliehen hatte, sind in der Chronik der Könige von Medien und Persien aufgezeichnet. $^{3}$ Denn der Jude Mordechai war der zweite Mann nach König Artaxerxes, er war bei den Juden hoch angesehen und beliebt bei allen seinen Stammesbrüdern. Er suchte das Wohl seines Volkes und war auf das Wohlergehen all seiner Nachkommen bedacht.

### *Die Deutung des Traumes Mordechais:* 10$^{3a-k}$ G = 10$^{4-13}$ Vg

$^{3a}$ Da sagte Mordechai: Durch Gott ist das alles geschehen. $^{3b}$ Ich erinnere
1$^{1a-1}$ mich an den Traum, den ich darüber hatte. Nichts davon ist unerfüllt geblieben. $^{3c}$ Die kleine Quelle, die zum großen Strom mit viel Wasser wur-

10$^{1-3}$ In der Schlußnotiz wird betont herausgestellt, daß der Mann und Jude Mordechai die Rolle des Initiators spielte, ohne dessen Leitung Ester wenig vermocht hätte. »Auf das Wohlergehen bedacht sein« (wörtlich: zum Frieden reden) kann eigentlich nur der Mensch, der ein besonderes Werkzeug in der Hand Gottes geworden ist; denn primär von Gott kündet die Schrift: »Er verkündet Frieden seinem Volk« Ps 85$^{9}$, vgl. Sach 9$^{10}$.

$^{1}$ Wie zu Beginn seiner Erzählung veranschaulicht der Autor auch an deren Ende – nur mit anderen Mitteln – die Universalität des Achämenidenreiches und die Macht seines Herrschers. Er ist dabei inspiriert von Jes 11$^{11}$ 24$^{15}$ vgl. 1QpHab 3$^{11}$ (»Inseln des Meeres« = Westen) und von 1 Kön 4$^{6}$ 5$^{28}$ 9$^{15.21}$ (»Fron« unter Salomo).

$^{2.3}$ Die machtvollen Taten des Königs führen den Autor zu seinem Lieblingsthema, dem Großwesir Mordechai, dessen Ruhm er in eine aus den Königsbiographien vertraute Form kleidet 1 Kön 11$^{41}$ u.ö.

$^{3}$ bezeugt in hymnusartigem Stil den Stolz der Juden auf Mordechais angesehene Stellung und Tat. 2 Makk 15$^{36}$ hat recht, wenn er das Purimfest Mordechai-Tag nennt.

10$^{3a-3k}$ beginnt mit einem »Bekenntnis« $^{3a}$ und einem theologischen Urteil $^{3b}$. In $^{3c-3f}$ folgt die eigentliche allegorische Ausdeutung des Traumes. $^{3g-3i}$ verwenden das Bild von den Losen, um die göttliche Entscheidung zu betonen, und abschließend wird in Kurzform nochmals die Purimtora gebracht. Alles kreist um den Gedanken: Letztlich ist es Gott, der sein Volk errettet hat und auch weiterhin mit ihm sein will Ps 22$^{6}$.

$^{3a-3c}$ Mordechai sieht in der Erfüllung seines Traumes eine Fügung Gottes. In der Deutung weicht er von der Reihenfolge 1$^{1d-1i}$ ab.

de, als das Licht und die Sonne wieder schienen, dieser Strom ist Ester; der
König heiratete sie und machte sie zur Königin. 3d Die beiden Drachen
sind ich und Haman. 3e Die Völker sind die, die gemeinsam das Andenken
an die Juden auslöschen wollten. 3f Mein Volk aber, das sind die Israeliten;
sie haben zu Gott geschrien und sind gerettet worden. Der Herr hat sein
Volk gerettet, der Herr hat uns von allen diesen Leiden erlöst, Gott hat
große Zeichen und Wunder getan, wie sie unter den Völkern noch nie ge-
schehen sind. 3g Deshalb machte er zwei Lose, eines für das Volk Gottes
und eines für alle anderen Völker. 3h Die beiden Lose fielen auf die Zeit
und die Stunde und den Tag, an dem vor den Augen Gottes und mitten un-
ter allen Völkern die Entscheidung fiel. 3i Gott hat sich an sein Volk, das
sein Erbbesitz ist, erinnert und ihm zu seinem Recht verholfen. 3k Diese
Tage im Monat Adar, der vierzehnte und der fünfzehnte, sollen zu allen
Zeiten und in allen Generationen unter den Augen Gottes in seinem Volk
Israel mit ausgelassener Freude gemeinsam gefeiert werden.

### *Die Unterschrift zum griechischen Esterbuch:* $10^{31}$ G = $11^{1}$ Vg

31 Im vierten Jahr der Regierung des Ptolemäus und der Kleopatra über-

3d.3e Siehe die Erklärung zu $1^{1d.1e}$.
3f Vom Schreien des jüdischen Volkes zu Gott war $4^{3}$ die Rede. Von der Mitte des Verses an geht die Traumdeutung in einen Lobpreis Gottes über mit deuteronomischen Wendungen Dtn $29^{2}$ $34^{11}$. Die zahlreichen Ereignisse und Vorfälle des Est, in denen nur der Glaube Gottes führende Hand zu erkennen vermag, werden so als »Zeichen und Wunder« beschrieben.
3g-3i Von »Losen« war im Traum Mordechais keine Rede. Der griechische Autor knüpft mit dem Ausdruck κλῆρος an den Namen des Festes und die Deutung des Wortes *pūrīm* (= Lose) an $3^{7}$ $9^{24-26}$. Er gebraucht ihn im übertragenen Sinn als »Bestimmung« Gottes für Israel und die übrigen Völker, vgl. 1QS $6^{16.18.22}$ $9^{7}$ CD $13^{4}$. Die zeitbedingte Gegenwehr der Juden wird so zu einem eschatologischen Gerichtsakt Gottes ausgeweitet. Auch die Vokabeln κρίσις und δικαιόω weisen darauf hin. Die Ereignisse des Est werden gleichsam aus ihrer historischen Einmaligkeit erhoben und zu einer theologischen Aussage über das Verhältnis des Gottesvolkes zu den Weltmächten ausgedeutet.
3k Das Fest der wiedererlangten Ruhe soll zum Fest der Erinnerung an die erfahrene Gotteshilfe werden. Der Begriff συναγωγή – in $9^{17.18}$ nicht bezeugt – zielt auf die gottesdienstliche Feier am Purimtag.
31 Formgeschichtlich liegt hier eine Art Kolophon vor mit Mitteilungen über den Übersetzer von G und den Überbringer dieser Übersetzung von Jerusalem-Juda nach Ägypten. Die Zeitangabe ist nicht eindeutig, da es mehrere Herrscher mit Namen Ptolemäus gab, die in ihrem vierten Regierungsjahr eine Kleopatra als Ehefrau (Mitregentin) hatten. Die Mehrzahl der Exegeten entscheidet sich für Ptolemäus IX. (VIII.: 116–80). Die griechischen Namen Dositheus, Ptolemäus und Lysimachus sind als Namen von Juden belegt in 2 Makk $12^{19.24.35}$, 1 Makk $16^{11}$ und 2 Makk $4^{29.39ff}$; sie dokumentieren die hellenistische Weltoffenheit der griechisch sprechenden Bevölkerung

brachten Dositheus, der, wie er sagte, Priester und Levit war, und sein Sohn Ptolemäus den vorliegenden Purimbericht. Sie sagten, er sei echt; Lysimachus, der Sohn des Ptolemäus, ein Mann aus Jerusalem, habe ihn übersetzt.

von Jerusalem-Juda. Mit »Purimbericht« meint der Verfasser das gesamte Est. Die Betonung der Echtheit läßt die Deutung zu, daß die Estergeschichte in irgendeiner Form schon bekannt war und daß es sich hier um die Überbringung der amtlichen Rezension handelt.

Günter Krinetzki

# Hoheslied

# EINLEITUNG

Das Hohelied besteht aus 52 lose zusammenhängenden und nach dem Stichwort- und Assoziationsprinzip aneinandergereihten Liedern und Aussprüchen, die die menschliche Liebe zum Gegenstand haben und bis auf wenige Ausnahmen keine direkte Beziehung zu Brautschaft und Hochzeit aufweisen. Sie können ihrem Inhalt und ihrer Struktur nach folgenden Gattungen zugewiesen werden:

1. *Bewunderungslieder* ($1^{9-11}$ $1^{15-17}$ $2^{1-3}$ $4^{10-11}$ $6^{4-5b}$ $6^{10}$ $7^{7-10}$). Am Anfang derselben stehen meist Vergleiche oder Metaphern. Den Schluß bildet der Wunsch nach Vereinigung oder die Freude über die Vereinigung der Liebenden, das Eingeständnis der bezaubernden Wirkung der Geliebten auf den Jüngling u.ä.
2. *Bildlieder.* Es gibt metaphorische ($1^{13-14}$ $4^{12}$), gleichnishafte ($4^{13-15}$) und allegorische Bildlieder ($1^{12}$ $2^{15}$ $2^{16}$ $2^{17}$ $6^{3}$ $7^{14}$ vgl. $8^{14}$, siehe $6^{2}$), d.h. Lieder, die ganz oder in ihren charakteristischen Teilen aus Metaphern (»X *ist* Y«), Gleichnissen (»X *ist* A, B, C …«) oder Allegorien (»Tafelrunde« = Miteinander der Liebespartner usw.) bestehen.
3. *Beschreibungslieder* ($3^{6-8}$ $3^{9-10}$ $4^{1-7}$ $4^{8-9}$ $6^{5c-7}$ $7^{1-6}$ $8^{5a-b}$, vgl. $5^{10-16}$). Sie haben eine in bestimmter Reihenfolge verlaufende, mehr oder weniger detaillierte Schilderung der körperlichen Vorzüge des Partners zum Inhalt. Ihre Unwirklichkeit scheint teilweise darauf zu beruhen, daß sie, abgesehen von der Allgemeinheit der Schilderung, nicht einen lebenden Menschen, sondern eine Statue mit Sockel usw. vor Augen haben. Zwei Beschreibungslieder eigener Art sind die *Hochzeitslieder* $3^{6-8}$ und $3^{9-10d}$. Sie haben unmittelbar die Brautsänfte zum Gegenstand. In Wirklichkeit zielen aber auch sie auf die Vorzüge des Bräutigams, dem die Sänfte gehört; diese steht für jene. Die Beschreibungslieder feiern in den liebenswerten Körperteilen des Liebespartners die Freude der Liebe und laden zu deren Genuß ein.
4. *Selbstschilderungen* ($1^{5-6}$ $8^{8-10}$). Diese, der jugendlichen Geliebten in den Mund gelegten Lieder schildern deren jetziges Aussehen und rechtfertigen es unter Berufung auf ein vergangenes Verhalten der Brüder.
5. *Prahllieder* ($6^{8-9}$ $8^{11-12}$). Sie stellen triumphierend das dem Jüngling gehörende Mädchen dem Besitz eines orientalischen Königs gegenüber.
6. Das nur einmal vertretene *Scherzgespräch* ($1^{7-8}$) läßt ein Mädchen in der Sehnsucht seiner Liebe nach dem Aufenthaltsort des geliebten Jünglings fragen und einen Hirtenchor zur Antwort geben, die Fragerin solle sich von ihren Tieren (Hirtenrolle!) leiten lassen.
7. *Wechselgespräche* ($4^{16}$–$5^{1d}$ $5^{8-16}$ $6^{1-2}$ $8^{13-14}$). Hierbei handelt es sich um redaktionelle Gebilde, deren Einzelelemente aus anderen Gattungen bestehen. Des weiteren siehe den Kommentar.
8. *Erlebnisschilderungen* vergangener Dinge, mit dem Mädchen als Sprecherin enthalten $2^{8-9}$ $2^{10-13}$ $3^{1-4}$ und $5^{2-7}$, mit dem Jüngling als Sprecher $6^{11-12}$ und $8^{5c-e}$. Hinzu kommen präsentisch gehaltene Erlebnisschilde-

rungen, die Vergangenes so vergegenwärtigen, wie es in der Phantasie des Erzählers weiterlebt ($2^{6}$ $7^{11}$ $8^{3}$). Typisch ist hier der Er-Stil.

9. *Sehnsuchtslieder* ($1^{2-4}$ $2^{4-5}$ $2^{14}$ $7^{12-13}$ $8^{1-2}$ $8^{6-7}$, vgl. $2^{10b-c.13c-d}$ $4^{16}$). Hier dominieren naturgemäß die Befehls- und Wunschformen, die der Sehnsucht nach dem/der Geliebten Ausdruck geben.

10. Das *Beschwörungslied* ist wohl ursprünglich ein Bestandteil des Sehnsuchtsliedes, der unter den Händen eines Bearbeiters zu einer Art »Refrain« in der Form einer beschwörenden Bitte geworden ist ($2^{7} = 3^{5} = 8^{4}$, vgl. $5^{8}$).

11. Die *Aufforderung zur Freude* war von Hause aus einmal Teil eines Beschreibungsliedes. Brautjungfern ($3^{10e-11}$) wie Liebespartner ($5^{1e-f}$) sollen sich des Hochzeitstages bzw. der gegenseitigen Liebe freuen.

Ein bestimmter *Sitz im Leben* läßt sich mit Ausnahme der wenigen Hochzeitslieder ($3^{6-8}$ $3^{9-10d}$, auch $7^{1-6}$ $8^{5a-b}$?) kaum benennen. Wohl aber wird deutlich, daß sich die Liebesvorgänge in feste Topik und anschauliche, der palästinischen Natur und Kulturwelt entnommene Bilder hinein objektiviert haben, die man nicht als äußere Wirklichkeiten, sondern als Symbole von Sehnsüchten und anderen Liebesgefühlen aufzufassen hat, ohne deren Auflösung das Gemeinte nicht deutlich gemacht werden kann. Den meisten Liedern fehlt jede Art von Inszenierung und Exposition. Die jeweils handelnde oder redende Person muß meistens aus dem Zusammenhang erschlossen werden. Die Liebespartner treten in literarischen Verkleidungen auf: der junge Mann als »König« oder »Salomo«, das Mädchen als »Fürstentochter« und »Schulammit«, beide als »Hirten« und »Gärtner«. Die Liebesvorgänge werden als physische Vorgänge geschildert: als Sehen, Hören, Riechen, Tasten und Schmecken usw. Literarische Zwischenfiguren (die »Mutter«, die »Söhne meiner Mutter«, die »Töchter Jerusalems/Zions«, die »Gefährten« des jungen Mannes) umrahmen hilfreich und neckisch das Liebesgeschehen, das nicht immer folgerichtig abläuft, sondern aufgrund der im einzelnen nicht mehr aufzuhellenden Redaktionsgeschichte des Buches unzusammenhängend bleibt und eine dramatische Interpretation des Buches auf unüberwindliche Schwierigkeiten stoßen läßt.

Die Überschrift ($1^{1}$) nennt »Salomo« als *Verfasser* des Buches, doch verweist sie damit nur auf die Zuordnung desselben zu der Gruppe der atl. Weisheitsbücher (vgl. Spr $1^{1}$ Koh $1^{1}$), da Salomo der Bibel als Typus des idealen Weisheitslehrers gilt (vgl. 1 Kön $5^{12}$). In der Tat darf der unbekannte Herausgeber dieser Liebesliedersammlung unter den höfischen »Schreibern«, d.h. zugleich auch: Gelehrten, vermutet werden, die damals solche Lieder dichteten und herausgaben (z.B. nachweislich in Ägypten; vgl. auch Ps $45^{1.2}$). Wahrscheinlich wurde das Hohelied wie die Weisheitsbücher, denen es ja auch durch die Überschrift zugeordnet wird, in den Weisheitsschulen behandelt und gelangte dadurch zu einer größeren Verbreitung und schließlich, wohl auch weil man es auf Salomo zurückführte, zu einer besonderen Wertschätzung innerhalb des Schrifttums Israels – eine Voraussetzung dafür, daß es den Heiligen Schriften zugerechnet wurde. Aus sprachlichen Gründen – das Buch enthält im Urtext neben zahlreichen Aramaismen und aramaisierenden Konstruktionen je einen persischen und griechischen Ausdruck – nimmt man als *Entstehungszeit* der Sammlung als ganzer die späte Perserzeit an (4. oder 3. vorchristliches Jahrhundert). Anlaß der Herausgabe der Lieder könnte eine innerweisheitliche Auseinandersetzung über den Sinn der erotisch-sexuellen Liebe gewesen sein (vgl. die Sicht des Buches Tobias dazu, für die der Vollzug der ehelichen Begegnung mehr dem Schöpfungswillen Gottes Genüge tun als die geschlechtliche Lust befriedigen soll; siehe Tob $8^{7}$). Jedenfalls plädiert das Hohelied für eine positive Einstellung zu dieser Lebenswirklichkeit.

Als *Botschaft* läßt sich stichwortartig folgendes festhalten: 1. Die Liebe von Mann und Frau ist eine übermächtige Kraft, die mit der Schöpfung gesetzt ist und nicht durch menschliches Bemühen erworben werden kann ($8^{7-10}$). 2. Das Hohelied plädiert für Partnerschaft, Gleichberechtigung und Personalität der Liebe ($2^{16}$ $6^{3}$) und bindet sie an die absolute Ausschließlichkeit ($6^{9}$, vgl. $8^{13}$ u.ö.), Treue ($8^{6a-b}$, vgl. $8^{4}$) und Selbstbewahrung für den Partner ($4^{12}$ $5^{1a-d}$ $6^{11}$). 3. Verherrlicht und offen, aber zugleich ehrfürchtig beschrieben wird die Schönheit von Mädchen und Jüngling (siehe oben zu den Beschreibungsliedern). 4. Damit zusammen wird der Liebesgenuß selbstverständlich befürwortet ($7^{7.11}$, vgl. $2^{3}$ $3^{2}$) und zwar als etwas, das seinen Sinn in sich selber trägt: als die den Liebenden gewährte Erfüllung ihrer Beziehung ($2^{3}$ $4^{13.16}$ $8^{11.12}$).

Vielleicht unter dem Einfluß griechischer bzw. hellenistischer philosophischer Ansichten über das Verhältnis von Seele und Leib (der Leib als Kerker der Seele und die Abwertung der Leidenschaften im Platonismus usw.) wurde diese Botschaft für manche im Judentum untragbar (vgl. Tob $6^{14ff.}$ $7^{11}$ $8^{7}$). Um das Hohelied in den heiligen Schriften Israels behalten zu können, wurde es, als der Kanon auch für die »Schriften« in den Jahrzehnten nach der Zerstörung Jerusalems (endgültig wohl um 100 n. Chr.) festgelegt wurde, als Allegorie auf die Liebe zwischen Jahwe und Israel gedeutet. Die Entscheidung, das Hohelied allegorisch zu verstehen, hat eine nachhaltige Wirkung auf die Art der Auslegung ausgeübt und im Judentum dazu geführt, das Hohelied als Festrolle beim Paschafest zu verwenden. Diese sog. *allegorische Deutung*, die in der Regel keinen selbständigen Wortsinn neben dem allegorischen anerkennt, für die in diesem biblischen Buch vielmehr alles von vornherein nur Bilder und Gleichnisse (Allegorien) höherer Wirklichkeiten darstellt, wurde durch das frühe Christentum übernommen, allerdings mit einer nochmaligen Umdeutung auf die Liebe zwischen Christus und Kirche, Maria bzw. Einzelseele. Für die wissenschaftliche Exegese ist dieses Verständnis des Hohenliedes aufgrund des Textes selbst, der an keiner Stelle auf einen höheren Sinn verweist, ja nicht einmal den Namen Jahwes nennt, insofern nicht ganz unbedeutend, als sie den allgemeinen bibeltheologischen Zusammenhang von natürlicher erotischer Liebe und Gottesliebe deutlich macht, wie er aus einem Vergleich des Hohenliedes mit anderen Schriften des AT (Propheten) und NT sowie mancher Mystiker hervorgeht. Eine eigentlich allegorische Hohelieddeutung aber, insofern sie echte Interpretation der Aussage des Textes ist, ist nicht möglich. Eine am Text orientierte Auslegung hat gerade die eigene Sicht des Hohenliedes herauszuarbeiten und sie nicht vorschnell mit der Sicht der anderen Schriften zu harmonisieren.

Im einzelnen war die allegorische Deutung des Hohenliedes um vieles differenzierter, als dies in einer Skizze wie dieser dargestellt werden kann. Man kann fast sagen: Jeder Autor deutete die Lieder in seiner Weise. Dennoch lassen sich einige Grundlinien der Allegorese feststellen. Zunächst ist zwischen der kollektiven und der individuellen Allegorese zu unterscheiden. Erstere bezieht die Lieder auf die Liebe zwischen Gott (Christus) und Gottesvolk, letztere auf diejenige zwischen Gott (Christus) und der Einzelseele. Das Judentum wollte gewissermaßen die ganze Geschichte Israels im Hohenlied wiederfinden, was nicht ohne gekünstelte Interpretationen zu erreichen war. Nicht immer wurde überdies sauber zwischen der kollektiven und der individuellen Deutung unterschieden – es gab auch Mischformen von beiden. Eine besondere Form der individuellen Deutung war die marianische, die im Hohenlied die Liebe zwischen der Jungfrau Maria und dem ewigen Sohne Gottes wiederfinden wollte. Diese Deutung lag bis heute der liturgischen Verwendung von Hoheliedtexten an Marienfesten zugrunde. Eine seltenere Form der individuellen Hoheliedexegese sah im Hohenlied einen Dialog zwischen der Seele Christi und dem göttlichen Logos. Luther identifizierte das Mädchen des Hohenliedes nicht mit der Kirche, sondern mit dem atl. Gottesstaat; »das Buch sei ein Loblied Salomos auf den Staat Israel« (Gerleman 47). Andere Interpretationen wie die, der Salomo des Hohenliedes sei die personifizierte Weisheit, gewannen keine größere Bedeutung.

Eine Sonderform der allegorischen Deutung war die *typologische Interpretation* des Hohenliedes. Ihr Vorzug besteht darin, daß sie einen selbständigen Wortsinn anerkennt, auf dem die Typologie aufbaut. Letztere basiert zudem nicht so sehr auf dem Text des Buches in allen seinen Einzelheiten als vielmehr auf der Institution der Ehe als solcher, die aufgrund ihres Eingebettetseins in das Mysterium der Liebe Gottes zu seinem Volk eben diese Liebe vorbilde oder abbilde. Der Nachteil der typologischen Deutung ist ihre Zweigleisigkeit. Sie stellt eine Art Kompromiß zwischen der natürlichen und der allegorischen Deutung dar und vermag wie viele Kompromisse gerade deshalb nicht zu überzeugen, zumal sie mangels geeigneter Kriterien in der Praxis meist in den Subjektivismus der Allegorese zurückfällt.

Eine recht kurzlebige Gegenreaktion der Exegese auf die Allegorese stellte die sog. *kultmythische Deutung* des Hohenliedes dar, die behauptete, das Hohelied handele von der Hochzeitsfeier eines Geschwister-Götterpaares, des Sonnengottes Dod und der Mondgöttin Ischtar/Schalmit (W. Erbt) bzw., es gehe in diesem Buch um eine Liturgie zum Adonis-Tammuzkult, wenn auch in stark verschleierter Form, so daß ihre Einbeziehung in den Jahwekult möglich gewesen sei (T. J. Meek). W. Wittekindt sah im Hohenlied einen Zyklus von Kultliedern zu Ehren der »heiligen Hochzeit« des Tammuz und der Ischtar, die zur Zeit des götzendienerischen Königs Manasse im Jerusalemer Tempel gefeiert worden sei. Weiter verfeinert wurde diese These durch H. Schmökel, der durch gewagte Umstellungen die »ursprüngliche« Ordnung der Lieder wiederherzustellen suchte, wie sie dem Ablauf der von ihm postulierten Festliturgie entsprochen hätte. Abgesehen von dem obszönen Charakter, den man dem Hohenlied dann zuschreiben müßte (Tempelprostitution!) und der schon seinerseits eine Kanonisierung des Buches unmöglich erscheinen lassen würde, wäre es völlig unverständlich, wie ein so eindeutig polytheistisch fundiertes Werk in die Sammlung einer extrem monotheistischen Religion hätte aufgenommen werden können. Aus diesem Grunde wird die kultmythische Deutung heute in reiner Form von keinem Exegeten mehr vertreten. Bestenfalls anerkennt man die eine oder andere Motiventlehnung aus dem Bereich der heidnischen Kultdichtung. Die meisten Motivparallelen finden sich jedoch in der profanen altägyptischen und der neuarabischen Liebesdichtung. Die ersteren zeigen, daß die israelitische Liebesdichtung von der damaligen internationalen Liebeslyrik innerhalb des Vorderen Orients beeinflußt ist, wie dies auch von der israelitischen Weisheitsliteratur, zu der das Hohelied, wie gesagt, in weiterem Sinne zu rechnen ist, im Hinblick auf die außerbiblische altorientalische Weisheitsliteratur nachzuweisen ist.

## LITERATURHINWEISE

1. *Kommentare:* A. Miller, Das Hohe Lied: HSAT VI/3, Bonn 1927.
H. Ringgren, Das Hohe Lied: ATD 16/2, S. 1–37, Göttingen 1958.
J. Fischer, Das Hohe Lied: EB IV S. 507–533, Würzburg 1959.
G. Gerleman, Ruth, Das Hohelied: BK XVIII, Neukirchen-Vluyn 1965, 41–227.
L. (= G.) Krinetzki, Das Hohelied. Kommentar zu Gestalt und Kerygma eines alttestamentlichen Liebesliedes, Düsseldorf 1964.
W. Rudolph, Das Buch Ruth. Das Hohe Lied. Die Klagelieder: KAT XVII 1–3, Gütersloh 1962, 73–186.
2. *Aufsätze:* F. Horst, Die Formen des althebräischen Liebesliedes: Orientalische Studien, E. Littmann zu seinem 60. Geburtstag überreicht, Leiden 1935, 43–54.
L. (= G.) Krinetzki, Die erotische Psychologie des Hohenliedes: ThQ 150 (1970) 404–416.
C. Kuhl, Das Hohelied und seine Deutung: ThR N.S. 9 (1937) 137–167.
F. Landberger, Poetic Units within the Songs: JBL 73 (1974) 203–216.
O. Loretz, Die theologische Bedeutung des Hohenliedes: BZ N.F. 10 (1966) 29–43.

1[1] Das Hohelied Salomos.
[2] Mit Küssen seines Mundes bedeckte er mich.
Süßer als Wein ist deine Liebe. 4[10]
[3] Köstlich ist der Duft deiner Salben,
dein Name hingegossenes Salböl;
darum lieben dich die Mädchen.
[4] Zieh mich her hinter dir! Laß uns eilen!
Der König führt mich in seine Gemächer.
Jauchzen laßt uns, deiner uns freuen,
deine Liebe höher rühmen als Wein. 4[10]
Dich liebt man zu Recht.

[5] Braun bin ich, doch schön,
ihr Töchter Jerusalems,
wie die Zelte von Kedar,
wie Salomos Decken.
[6] Schaut mich nicht so an,
weil ich gebräunt bin.
Die Sonne hat mich verbrannt.
Meiner Mutter Söhne waren mir böse,
ließen mich Weinberge hüten;
den eigenen Weinberg konnte ich nicht hüten.

1[2a] Die Wunschform »bedecke« wäre der Indikativform »bedeckte« in einem Sehnsuchtslied vorzuziehen (siehe den Superlativ in 1[4a]!)
1[3b] *mūrāq* mit G; M: »(das) umgegossen (wird)«.

1[1] Überschrift, wörtlich: »Lied der Lieder« = schönstes, Hohes Lied (Luther), weil ein das Schönste auf der Welt, die Liebe (vgl. 4[10]), die als eine Art Fest erlebt wird (vgl. 3[11ff]), besingendes Lied. Eine ägyptische Liebesliedersammlung ist überschrieben: »Die schönen, erfreuenden Gesänge für deine Geliebte«, eine andere: »Die heiteren Lieder«. Zur salomonischen Verfasserschaft siehe die Einleitung.
1[2-4] Ein Sehnsuchtslied. Ein Mädchen sehnt sich nach der berauschenden (»Wein«) und anziehenden (»Salben«, »Salböl«) Zärtlichkeit eines jungen Mannes, dessen »Name« im biblischen Sprachgebrauch für seine Person steht. Die »Königsverkleidung« hebt ihn heraus, weshalb ihn alle Mädchen lieben. Doch nur eine wird er, wie die Sängerin hofft, zu sich nehmen: sie selbst.
1[5-6] Eine Selbstschilderung. Ein Mädchen deutet in der Rolle einer Winzertochter neckisch den wohl in der Stadt (»ihr Töchter Jerusalems«) geltenden Schönheitsbegriff der hellen Hautfarbe zu seinen Gunsten um: Die Arbeit in den Weinbergen der Familie ließ ihr keine Zeit, ihren eigenen »Weinberg« (Teint) zu pflegen. Gerade deshalb aber ist sie für ihren Geliebten schön. – [5c] »Kedar«: Name eines Nomadenstammes der syrisch-arabischen Wüste (Jes 21[16.17 u.o.]). Der Vergleich mit den Zelten aus schwarzem Ziegenhaar verdeutlicht die Hautfarbe des Mädchens. [5d] bezieht sich auf Zeltdecken eines salomonischen Prunkzeltes (vgl. 2 Sam

7 Du, den meine Seele liebt,
sag mir: Wo weidest du die Herde?
Wo lagerst du am Mittag?
Wozu soll ich erst umherirren
bei den Herden deiner Gefährten?
8 Wenn du das nicht weißt,
du schönste der Frauen,
dann folge den Spuren der Schafe,
dann weide deine Zicklein
dort, wo die Hirten lagern.

9 Mit der Stute an Pharaos Wagen
vergleiche ich dich, meine Freundin.
10 Schön sind deine Wangen zwischen den Kettchen,
dein Hals in der Perlenschnur.
11 Machen wir dir noch goldene Kettchen,
kleine Silberkugeln daran.
12 Solange der König an der Tafel liegt,
1[3] gibt meine Narde ihren Duft.
13 Mein Geliebter ruht wie ein Beutel mit Myrrhe
an meiner Brust.
14 Eine Hennablüte ist mein Geliebter mir
aus den Weinbergen von En-Gedi.

1[7d] *k*$^{e}$*ṭōʿijjāh* mit S, Sym, und Vg; M: »wie eine Verhüllende«.

16[22]); der Versteil charakterisiert die dunkle Schönheit der Sprecherin.
1[7-8] Ein Scherzgespräch. Ein fiktiv als Schäferin auftretendes Mädchen möchte gern beim fernen Freund sein und bei der Mittagsruhe der Hirten und ihrer Herden (Gen 29[1ff] Ex 2[16-21]) unbefangen mit ihm zusammenkommen. Statt auf ihn stößt sie jedoch auf seine »Gefährten«, die ihr neckisch raten, sich von ihrem (vordergründig: von ihrer Tiere) Instinkt leiten zu lassen, dann würde sie den Gesuchten schon finden. – [7a] Die »Seele« steht für das ganze liebende Ich des Mädchens mit all seinem Verlangen.
1[9-11] Ein Bewunderungslied. Der verliebte Jüngling möchte die Schönheit seiner Freundin mit Schmuck steigern. Der Vergleichspunkt in [9a] ist der Putz und Schmuck. [11a] »Machen wir« soll großartig klingen.
1[12] Ein Bildlied. In der Nähe ihres königlich erhöhten »Geliebten« (Est 5[6] 7[1.8]) ist sich das Mädchen stolz der Wirkung ihrer Reize auf den jungen Mann bewußt (vgl. 7[13e] Sir 24[15] Joh 1[23] Mk 14[3]). – [12b] »Narde«: ein mit Rhizon der Nardospflanze usw. parfümiertes Fett, das schnell verdunstete und als kostbares Parfüm galt.
1[13-14] Ein Bildlied. Ein zwischen den Brüsten seines Mädchens ruhender junger Mann gewährt demselben in seiner jugendlichen Vitalität (Symbole: »Myrrhenbeutel«, den die orientalische Frau als Parfüm im Busen trug, und »Hennablüte« mit ihrer gelben Farbe und ihrem weichen Duft, die bei En-Gedi wächst, einer Oase am Toten

15 Schön bist du, meine Freundin,
ja, du bist schön.
Zwei Tauben sind deine Augen.
16 Schön bist du, mein Geliebter,
verlockend.
Frisches Grün ist unser Lager,
17 Zedern sind die Balken unseres Hauses,
Zypressen die Wände.

2 1 Ich bin eine Blume auf den Wiesen des Scharon,
eine Lilie der Täler.
2 Eine Lilie unter Disteln
ist meine Freundin unter den Mädchen.
3 Ein Apfelbaum unter Waldbäumen
ist mein Geliebter unter den Burschen.
In seinem Schatten begehre ich zu sitzen.
Wie süß schmeckt seine Frucht meinem Gaumen!

4 In das Weinhaus hat er mich geführt.
Sein Zeichen über mir heißt Liebe.
5 Stärkt mich mit Traubenkuchen,
erquickt mich mit Äpfeln;
denn ich bin krank vor Liebe.

$1^{17e}$ *rāhīṭēnū* mit Q; K: *rāḥīṭēnū*.

Meer) durch seine bloße Anwesenheit Glück und Freude.

$1^{15-17}$ Bewunderungslied eines Jünglings und eines Mädchens. Beide lagern im Grünen, sozusagen in einem königlichen Zedernpalast. Das »Fest« der Liebe erhebt die Liebenden über die anderen. Jeder empfindet den anderen als schön und erregend. – $^{15c}$ Die aufgeregt in einer Felsspalte hin- und hertrippelnde Wildtaube ($2^{14}$) steht für die neugierigen Blicke des hinterm Schleier hervoräugenden Mädchens ($4^{1}$).

$2^{1-3}$ Ein Bewunderungslied, wiederum, aber in umgekehrter Reihenfolge (siehe $1^{15-17}$), von beiden Liebenden dialogisch zueinander gesprochen. Am Anfang einer jungen Liebe erscheint das Mädchen dem Jüngling nicht schöner als andere Mädchen, der Jüngling dem Mädchen dagegen als der schönste aller Jünglinge, derweil es seine Zärtlichkeiten genießt und sich in ihnen geborgen fühlt (Baum = Männlichkeitssymbol!) – $^{1a}$ »Scharon« ist eine Ebene am Mittelmeer zwischen Jaffa und Cäsarea (Jos $12^{18}$).

$2^{4-5}$ Sehnsuchtslied eines Mädchens. Die Sängerin ist der Einladung des Freundes gefolgt, d.h. ihm früher schon einmal begegnet. Nun sehnt sie sich nach dem vollen Besitz des Geliebten; denn nur er kann sie aus ihrer »Liebeskrankheit« »aufrichten«, d.h. ihre Sehnsucht stillen. – $^{4a}$ »Weinhaus« ist ein Trinkgelage-Raum in einem vornehmen Haus oder eine Laube in einem Garten. Ein »Zeichen« am Eingang lädt alle zum Gelage ein. Den Hintergrund des Bildes bildet die Vorstellung von der »erhebenden Festlichkeit« der jungen Liebe.

$8^{3}$ 6 Seine Linke liegt unter meinem Kopf,
seine Rechte umfängt mich.
$3^{5}$ $5^{8}$ 7 Bei den Gazellen und Hirschen auf der Flur
$8^{4}$ beschwöre ich euch, Jerusalems Töchter:
Stört die Liebe nicht auf,
weckt sie nicht,
bis es ihr selbst gefällt.
8 Horch! Mein Geliebter!
Sieh da, er kommt.
Er springt über die Berge,
hüpft über die Hügel.
9 Der Gazelle gleicht mein Geliebter,
dem jungen Hirsch.
Ja, draußen steht er
an der Wand unsres Hauses;
er blickt durch die Fenster,
späht durch die Gitter.
10 Der Geliebte spricht zu mir:
Steh auf, meine Freundin,
meine Schöne, so komm doch!
$7^{13}$ 11 Denn vorbei ist der Winter,
verrauscht der Regen.
12 Auf der Flur erscheinen die Blumen;
die Zeit zum Singen ist da.
Die Stimme der Turteltaube
ist zu hören in unserem Land.
13 Am Feigenbaum reifen die ersten Früchte;
die blühenden Reben duften.

$2^{6}$ Erlebnisschilderung eines Mädchens: Schwelgend erinnert sie sich an ein Stelldichein und die ritterlichen Zärtlichkeiten eines jungen Mannes.

$2^{7}$ (vgl. $3^{5}$ $8^{4}$, siehe $5^{8}$) Beschwörungslied eines Mädchens an die »Töchter Jerusalems«, die neckischen Störerinnen des Liebesgeschehens (vgl. $1^{5b}$). Sie werden durch die Beschwörung der Eigengesetzlichkeit der Liebesvereinigung und den Hinweis auf ihre Grazie beschwichtigt.

$2^{8-9}$ Erlebnisschilderung eines Mädchens. Sie gedenkt eines Frühlingsmorgens, an dem ein junger Mann zu ihr kam – ein Kunstmittel, um die »Zeitgemäßheit« seines Besuches zu charakterisieren (Frühling = Liebeszeit!). Das »Haus« steht für das Mädchen selbst, da es, wie die Frau Mann und Leibesfrucht, Verschiedenes in sich aufnehmen kann. Der junge Mann ist für das Mädchen der Inbegriff der Jugendlichkeit und Grazie. Das Lied ist der Niederschlag männlicher Werbung und anfänglicher weiblicher Zurückhaltung dieser Werbung gegenüber.

$2^{10-13}$ Erlebnisschilderung eines Mädchens, sachlich Fortführung von $2^{8-9}$, infolge der Exposition $^{10a}$ und der eigenen Struktur jedoch ein besonderes Gedicht. Die Liebe erscheint als Frühling, als eine Zeit des Sichöffnens und

Steh auf, meine Freundin,
meine Schöne, so komm doch!
14 Meine Taube im Felsennest,
versteckt an der Steilwand,
dein Gesicht laß mich sehen,
deine Stimme hören!
Denn süß ist deine Stimme,
lieblich dein Gesicht.

15 Fangt uns die Füchse,
die kleinen Füchse!
Sie verwüsten die Weinberge,
unsre blühenden Reben.

16 Der Geliebte ist mein, $6^{3}$
und ich bin sein;
er weidet in den Lilien.
17 Wenn der Tag verweht
und die Schatten wachsen,

$2^{14f}$ *mar'ajik* mit K; Q: *mar'ēk*.

-erschließens, des Glückes und der Freude »in unserem Land« (Israel) $^{12d}$ – nach Koh $3^{5.8}$ gibt es eine »Zeit der Umarmung« und »der Liebe« –; zu solchem Glück möchte der junge Mann dem Mädchen verhelfen, indem er es zu einem Stelldichein einlädt.

$2^{14}$ Sehnsuchtslied eines jungen Mannes, das sachlich $2^{10.13}$ entfaltet. Für den Sprecher ist es fürs erste Glück genug, sich von ferne an Gestalt und Stimme seines Mädchens zu freuen. Doch bittet er schon um Beachtung, und sein Ziel ist der Besitz der Schönen. Zu $^{14a-b}$ vgl. $1^{15-17}$: Das Ganze ist Ausdruck der Koketterie des Mädchens.

$2^{15}$ Bildlied eines Mädchens. Dessen Hintergrund bildet die Sitte der palästinischen Winzer, während der Weinblüte und besonders während der Reifezeit der Reben die Nacht hindurch zu lärmen, um Füchse und andere Raubtiere zu verscheuchen oder einzufangen. Dabei gilt die besondere Aufmerksamkeit den kleinen und unerfahrenen Tieren, weil diese sich leichter einfangen lassen. Das Liedchen ist eine Allegorie, in dem ein sich selbst mit einem »Weinberg« gleichsetzendes, »blühendes« junges Mädchen ihre Freundinnen zu bitten scheint, ihr lästige Kavaliere fernzuhalten, weil sie mit ihrem Geliebten gerne allein sein möchte.

$2^{16}$ Bildlied eines Mädchens, das in der Zugehörigkeit, die zwischen einem jungen Mann und ihr besteht, schwelgt. Der junge Mann gleicht in ihren Augen einer Gazelle, die inmitten von Lilien äst (vgl. $4^{5}$), d. h. er genießt ihre Zärtlichkeiten, was umgekehrt wieder der Gewährerin solcher Zärtlichkeiten wohltut.

$2^{17}$ Bildlied eines Mädchens. Sie wünscht, der ferne Geliebte möge am Abend zu ihr kommen, behende wie eine Gazelle, in das duftend-anziehende, bergige, d. h. »erhebende« Wunderland, das sie für ihn darstellt. (Für

komm du, mein Geliebter,
8[14] der Gazelle gleich,
dem jungen Hirsch
auf den Balsambergen.

3[1] Des Nachts auf meinem Lager suchte ich ihn,
den meine Seele liebt.
5[6] Ich suchte ihn und fand ihn nicht.
2 Aufstehen will ich, die Stadt durchstreifen,
die Gassen und Plätze,
ihn suchen, den meine Seele liebt.
Ich suchte ihn und fand ihn nicht.
5[7] 3 Mich fanden die Wächter
bei ihrer Runde durch die Stadt.
Habt ihr ihn gesehen,
den meine Seele liebt?
4 Kaum war ich an ihnen vorüber,
fand ich ihn, den meine Seele liebt.
Ich packte ihn, ließ ihn nicht mehr los,
8[2] bis ich ihn ins Haus meiner Mutter brachte,
in die Kammer derer, die mich geboren hat.
2[7] 5[8] 5 Bei den Gazellen und Hirschen der Flur
8[4] beschwöre ich euch, Jerusalems Töchter:
Stört die Liebe nicht auf,
weckt sie nicht,
bis es ihr selbst gefällt.

6[10] 8[5]

6 Wer ist sie,
die da aus der Steppe heraufsteigt
in Säulen von Rauch,

»auf den Balsambergen« [17f] setzt M »auf den Beter-Bergen«; »Beter« ist wohl das »Malobathrum«, eine indische Duftpflanze. In einem vergleichbaren ägyptischen Liebeslied erscheinen Myrrhe und Balsam als Produkte eines Märchenlandes »Punt«).

3[1-4] Das Lied ist die Erlebnisschilderung eines Mädchens in Form eines phantastischen Wunschtraumes. Sie sehnt sich, halb wach, danach, auf ihrem Lager nicht länger allein sein zu müssen. Die phantasierende Suche nach dem Geliebten auf den Straßen der Stadt stößt auf Symbole einer inneren Hemmung, die die Phantasie unterbinden möchte (Wächter). Doch die Sehnsucht ist stärker: Wenigstens in der Phantasie findet das Mädchen den Geliebten am Ende doch, läßt ihn nicht mehr los und führt ihn zu sich, auf ihr Lager. – Zum Begriff »meine Seele« [1b.2b.3b.4b] siehe zu 1[7a]. Die »Mutter« [4d] beschwört die Weiblichkeit und künftige Mütterlichkeit des Mädchens selbst, das ganz wie seine Mutter werden möchte.

3[5] Siehe zu 2[7].

3[6-8] Das Lied ist ein Beschreibungslied besonderer Art: Alles hier steht für den Bräutigam (siehe Einleitung). Weil es um einen Bräutigam geht, ist das Lied

umwölkt von Myrrhe und Weihrauch,
von allen Wohlgerüchen der Händler?
7 Sieh da, das ist Salomos Sänfte;
sechzig Helden geleiten sie,
Israels Helden,
8 alle vertraut mit dem Schwert,
geschult für den Kampf;
jeder trägt sein Schwert an der Hüfte
gegen die Schrecken der Nacht.
9 Einen Tragsessel ließ König Salomo zimmern
aus Holz vom Libanon,
10 die Pfosten in Silber,
die Lehne in Gold,
der Sitz in Purpur,
das Innere mit Steinen belegt.
11 Ihr Töchter Jerusalems, kommt heraus
und schaut, ihr Töchter Zions,
König Salomo mit der Krone!

$3^{10d}$ *tōkō rāṣūp 'ᵃbānim / bᵉnōt jᵉrūšālāim;* M: »ihr Inneres ist belegt mit Liebe von den Töchtern Jerusalems« (Verschreibung und falsche Konsonantenabteilung).

zugleich ein Hochzeitslied. Es hält den Augenblick fest, da die Boten des Bräutigams sich der bisherigen Wohnung der Braut nähern, um sie dem außerhalb wohnenden Bräutigam mittels einer Sänfte zuzuführen. Wieder schlägt die Königsverkleidung (»Salomos Sänfte«) durch, ebenso $^{9.10.11}$. Der Zug wird $^{6}$ wie eine Prozession geschildert. Er wickelt sich um Mitternacht ab (vgl. Mt $25^{6}$), wohl damit sich gleich die Brautnacht daran anschließen kann. Die Boten sind die militärisch geschmückten Freunde des Bräutigams. Ritterlich läßt der Bräutigam seine Braut mit ihrer Hilfe zu sich heimführen – so möchte er selbst sie »auf Händen tragen« – und »gegen die Schrecken der Nacht« $^{8d}$ beschützen – bei ihm ist sie sicher gegen das Dämonische der Brautnacht (Tob $6^{14-15}$, vgl. Ps $91^{5}$), d. h. ihre gemeinsame Liebe überwindet jede Angst vor der letzten Hingabe, weil sie es nach $8^{6c-d}$ selbst mit dem Tod aufnehmen kann.

$3^{9-10}$ Ein Beschreibungslied besonderer Art (siehe $3^{6-8}$, redaktionell eng mit diesem Lied verbunden). Zur Situation siehe zum vorigen Lied. Der Gräzismus *'appirjōn* $^{9a}$ (φορεῖον) erweist das Stück als jünger denn das vorige, das für den gleichen Gegenstand den hebräischen Ausdruck *miṭṭāh* gebraucht ($3^{7a}$). Der Bräutigam und seine Sänfte werden mit dem Nimbus des Vornehmen und Edlen umgeben. Edel ist der Bräutigam zumindest charakterlich, auch wenn er arm sein mag. Nur als solcher ist er begehrenswert!

$3^{11}$ (siehe textkritische Anmerkung zu $3^{10d}$: Die Einheitsübersetzung zieht den letzten Teil von $3^{10d}$ zu $3^{11a}$!) Das Lied ist die Aufforderung eines Mädchenchores zu hochzeitlicher Freude; es ist redaktionell mit $3^{6-8.9-10}$ eng verbunden. Die wohl in irgendeinem Hause bei der Braut auf den Bräutigam gespannt wartenden Brautjungfern (»Töchter Jerusalems/Zions« $^{11a.b}$) werden zum freudigen »Herauskom-

Damit hat ihn seine Mutter gekrönt
am Tage seiner Hochzeit,
an dem Tag seiner Herzensfreude.

4 1 Schön bist du, meine Freundin,
ja, du bist schön.
Gen $24^{65}$ Hinter dem Schleier
deine Augen wie Tauben.
$6^{5}$ Dein Haar gleicht einer Herde von Ziegen,
die herabzieht von Gileads Bergen.
$6^{6}$ 2 Deine Zähne sind wie eine Herde
frisch geschorener Schafe,
die aus der Schwemme steigen.
Jeder Zahn hat sein Gegenstück,
keinem fehlt es.
3 Rote Bänder sind deine Lippen;
lieblich ist dein Mund.
$6^{7}$ Dem Riß eines Granatapfels gleicht deine Schläfe
hinter dem Schleier.
4 Wie der Turm Davids ist dein Hals,
in Schichten von Steinen erbaut;
tausend Schilde hängen daran,
lauter Waffen von Helden.
$7^{4}$ 5 Deine Brüste sind wie zwei Kitzlein,
wie die Zwillinge einer Gazelle,
die in den Lilien weiden.
6 Wenn der Tag verweht und die Schatten wachsen,
will ich zum Myrrhenberg gehen,
zum Weihrauchhügel.
7 Alles an dir ist schön, meine Freundin;
kein Makel haftet dir an.

men« und zum »Betrachten« des mit dem Festzug daherziehenden Bräutigams eingeladen, dem seine eigene Mutter für diesen Tag, den Tag seiner »Hochzeit«, einen Kranz gewunden hat; vgl. Mt $25^{6}$. Der Bräutigam erscheint wieder einmal in der »Königsverkleidung«, die ihn aus den übrigen Personen heraushebt.

$4^{1-7}$ Ein Beschreibungslied: Schilderung der körperlichen Vorzüge eines Mädchens durch einen jungen Mann. Das Mädchen ist so natürlich und schlicht in seiner Schönheit wie seine Heimat. Ihre Haare und Zähne erinnern an weidende und eben geschorene Schaf- und Ziegenherden. Ihr lächelnder Mund, den sie oft zu zärtlichem Geplauder öffnet, erscheint dem jungen Mann rot und frisch. Die Schläfe des Mädchens, die teilweise vom Schleier bedeckt vorzustellen ist, erinnert an die rote und hellgelbe Fläche eines angeschnittenen Granatapfels, und ihre jugendlich anmutigen Brüste an den Rücken kleiner Gazellen, die über dem hohen Gras sichtbar sind. Ihr Hals aber bezeugt ein großes, stolzes Selbst-

8 Komm doch mit mir, meine Braut, vom Libanon,
weg vom Libanon komm du mit mir!
Weg vom Gipfel des Amana,
von den Höhen des Senir und Hermon;
weg von den Lagern der Löwen,
den Bergen der Panther.

9 Verzaubert hast du mich,
meine Schwester Braut;
ja verzaubert
mit einem (Blick) deiner Augen,
mit einer Perle deiner Halskette.
10 Wie schön ist deine Liebe,
meine Schwester Braut;
wieviel süßer ist deine Liebe als Wein, $1^{2.4}$
der Duft deiner Salben köstlicher
als alle Balsamdüfte.
11 Von deinen Lippen, Braut, tropft Honig;
Milch und Honig ist unter deiner Zunge.
Der Duft deiner Kleider ist wie des Libanon Duft.

12 Ein verschlossener Garten ist meine Schwester Braut,

bewußtsein und eine unbezwingliche Überlegenheit auch über die »Dämonie« des Eros. Also eine Schönheit ohne jeden Mangel! Kein Wunder, daß der Jüngling dieses Mädchen besitzen möchte [6] (vgl. $2^{17}$ $8^{14}$).
$4^{8-9}$ Ein Beschreibungslied, gesprochen von einem Bräutigam. [8] ließe sich, lediglich mit einigen Vokaländerungen (’$^{a}$*ti* … ’$^{a}$*ti* … *tābī’ī* … *tāšīrī*), folgendermaßen übersetzen: »Ich bin’s den vom Libanon her, o Braut, / ich bin’s den vom Libanon her herabzukommen du zwingst, / den von der Amanaspitze herabzusteigen du nötigst.« Diese Übersetzung ergäbe einen besseren Parallelismus mit »verzaubert hast du mich« [9a]. Im übrigen sind [8] und [9] zu einem Lied zusammenzunehmen. Der junge Mann steht wie im Banne eines Zaubers, der vom Blick und von dem kettengeschmückten Hals seiner Braut ausgeht. Die Vielfalt der wilden Berge (Libanon: Jer $18^{14}$; Amana: wohl eine Gegend im Antilibanon, durch den ein Fluß gleichen Namens fließt, vgl. 2 Kön $5^{12}$; Senir: nach Dtn $3^{9}$ ein anderer Name für den Hermon, den südlichen Ausläufer der Antilibanonkette – also der Antilibanon in seiner ganzen Ausdehnung) und die Nennung von Löwen und Panthern [8] weisen auf das Schillernde, noch nicht Differenzierte und das Andersartige des Weiblichen, das der junge Mann als zunächst verwirrend und irritierend an seiner Braut erlebt, hin.
$4^{10-11}$ Ein Bewunderungslied, das einem Bräutigam in den Mund gelegt ist. Das Lied kündet von dem köstlichen Erlebnis der weiblichen Zärtlichkeiten der Brautzeit, die die Braut gleichsam als Inbegriff erregender Anziehung erscheinen läßt. [11a-b] scheint sich auf sehr intime Formen des Kusses zu beziehen, zumindest [11a] könnte aber auch an liebliche Reden denken lassen.
$4^{12}$ Ein Bildlied, gesprochen von einem

ein verschlossener Garten,
ein versiegelter Quell.

13 Ein Lustgarten sproßt aus dir,
Granatbäume mit köstlichen Früchten,
Hennadolden, Nardenblüten,
14 Narde, Krokus, Gewürzrohr und Zimt,
alle Weihrauchbäume,
Myrrhe und Aloe,
allerbester Balsam.
15 Die Quelle des Gartens bist du,
ein Brunnen lebendigen Wassers,
Wasser vom Libanon.

16 Nordwind, erwache! Südwind, herbei!
Durchweht meinen Garten,
laßt strömen die Balsamdüfte!
Mein Geliebter komme in seinen Garten
und esse von den köstlichen Früchten.

5 1 Ich komme in meinen Garten, Schwester Braut;
ich pflücke meine Myrrhe, den Balsam;
esse meine Wabe samt dem Honig,
trinke meinen Wein und die Milch.

$4^{12b}$ *gan* nach $^{12a}$; M: *gal,* möglicherweise nicht zu korrigieren, wenngleich die Bedeutung des Substantivs umstritten ist (»Brunnendeckel«? – Grundbedeutung: etwas Rundes).

Bräutigam, der sich an dem Besitz seiner Braut freut, die sich nur für ihn bewahrt hat. »Garten« und »Quelle« sind in ihrer »Verschlossenheit« und »Versiegelung« Symbole der »Braut«, der »Vorbehaltenen« und »Verlobten« (*kallāh* $^{12a}$).
$4^{13-15}$ Ein von einem jungen Mann vorzutragendes Bildlied. $^{13a}$ lautet wörtlich: »deine Wasserrinnen sind ein Granatapfelhain«. Das ganze Lied ist von einer »exotischen« Botanik geprägt (dergleichen Gärten hat es in Palästina nie gegeben). Sie steht hier für die ganze dem Jüngling noch fremde »Welt« des Weiblichen, die ihm höchste Lust verheißt und mit ihren »kühlen Wassern« sein Begehren stillen wird.
$4^{16}$–$5^{1d}$ Ein Wechselgespräch zwischen Braut und Bräutigam. Ein lyrisch vollendeter Ausdruck der Sehnsucht einer Braut nach der vollen Gemeinschaft mit ihrem jungen Bräutigam und dessen Zustimmung. Sie bietet ihm sich selber mit ihrem Schoße an (der »Garten« steht für ihren Schoß, in den der Jüngling »kommen« soll) – jüdische Verlobte sind in unserem Sinne schon Verheiratete, nur ist die Braut noch nicht heimgeführt! –; er verspricht, sie bald in Besitz zu nehmen, um die Reize seiner Braut zu genießen.
$5^{1e-f}$ Eine Aufforderung zur Freude, entweder vom Mädchen und vom Jüngling zueinander oder vom Dichter beiden zugesprochen. Die Liebe, der

Freunde, eßt und trinkt,
berauscht euch an der Liebe!

2 Ich schlief, doch mein Herz war wach.
Horch, mein Geliebter klopft:
Mach auf, meine Schwester und Freundin,
meine Taube, du Makellose!
Mein Kopf ist voll Tau,
aus meinen Locken tropft die Nacht.
3 Ich habe mein Kleid schon abgelegt –
wie soll ich es wieder anziehen?
Die Füße habe ich gewaschen –
soll ich sie wieder beschmutzen?
4 Mein Geliebter streckte die Hand durch die Luke;
da bebte mein Herz ihm entgegen.
5 Ich stand auf, dem Geliebten zu öffnen,
da tropften meine Hände von Myrrhe
am Griff des Riegels.
6 Ich öffnete meinem Geliebten:
Doch der Geliebte war weg, verschwunden.
Mir stockte der Atem: Er war weg.
Ich suchte ihn, ich fand ihn nicht. $3^{1}$
Ich rief ihn, er antwortete nicht.
7 Da fanden mich die Wächter $3^{3}$
bei ihrer Runde durch die Stadt;
sie schlugen, sie verletzten mich.
Den Mantel entrissen sie mir,
die Wächter der Mauern.
8 Ich beschwöre euch, Jerusalems Töchter: $2^{7}$ $3^{5}$
Wenn ihr meinen Geliebten findet,
sagt ihm,
ich bin krank vor Liebe.
9 Was hat dein Geliebter den andern voraus,
du schönste der Frauen?
Was hat dein Geliebter den andern voraus,
daß du so uns beschwörst?

Austausch von Zärtlichkeiten als Festmahl und Gelage, das seine Teilnehmer »berauscht« (vgl. Joh $2^{10}$) und zu unzertrennlichen »Freunden« macht, das ist die Liebe im Sinne des Hohenliedes, das dazu einlädt, statt davor zu warnen.
$5^{2-7}$ Siehe zu $3^{1-4}$.
$5^{8-16}$ Ein Wechselgespräch zwischen Mädchen und Frauenchor (?). Liebend-sehnsüchtig ruht das geistige Auge des Mädchens auf den einzelnen Körperteilen des männlichen Wesens, das sich ihren Blicken wie in einer Entrückung darstellt und deshalb einer Statue ähnelt, die fest auf ihrem Sockel steht. Die »Töchter Jerusalems« fungieren hier als hilfreiche Sucherinnen,

10 Mein Geliebter ist weiß und rot,
ist ausgezeichnet vor Tausenden.
11 Sein Haupt ist reines Gold.
Seine Locken sind Rispen,
rabenschwarz.
12 Seine Augen sind wie Tauben
an Wasserbächen;
(Die Zähne), in Milch gebadet, sitzen fest.
13 Seine Wangen sind wie Balsambeete,
darin Gewürzkräuter sprießen,
seine Lippen wie Lilien;
sie tropfen von flüssiger Myrrhe.
14 Seine Finger sind wie Stäbe aus Gold,
mit Steinen aus Tarschisch besetzt.
Sein Leib ist wie eine Platte aus Elfenbein,
mit Saphiren bedeckt.
15 Seine Schenkel sind Marmorsäulen,
auf Sockeln von Feingold.
Seine Gestalt ist wie der Libanon,
erlesen wie Zedern.
16 Sein Mund ist voll Süße;
alles ist Wonne an ihm.
Das ist mein Geliebter,
ja, das ist mein Freund,
ihr Töchter Jerusalems.

6[1] Wohin ist dein Geliebter gegangen,
du schönste der Frauen?

5[13a-b] *ka'ᵃrūgōt ... mᵉgaddᵉlōt* mit G, M, Vg, T; M: »Wie das Beet ... Türme ...«.

als Ausdruck der Sehnsucht des »liebeskranken« Mädchens [8]. Die »besonderen Kennzeichen« des Gesuchten sind: eine gesund durchblutete Hautfarbe, die ihn unverwechselbar aus allen anderen jungen Männern heraushebt [10], rabenschwarze, vom Wind wie Dattelrispen verwehte Haare [11], Augen, schön wie blendend weiße Tauben, die sich – gäbe es dies! – in Milch gebadet haben [12] (die Einheitsübersetzung bezieht den Ausdruck »in Milch gebadet« auf die blendend weißen Zähne), ein prächtiger parfümierter Wangenbart, der lilienförmige Lippen umrahmt [13], wohlgeformte, kraftvolle »Walzen« und »Säulen« von Armen, Rumpf und Schenkeln, die dem Mädchen teuer sind [14.15a-b], insgesamt eine stattliche, hochgewachsene Gestalt [15c-d], vor allem aber ein Mund voll zärtlicher Worte und Küsse, die das Mädchen entzücken [16a-b].

6[1-2] Wechselgespräch zwischen einem Frauenchor und einem Mädchen. Die Sprecherinnen von [1] sind die »Töchter Jerusalems« von 5[8] (siehe dort). In [2] schwelgt ein Mädchen darin, daß sich ihr Freund zu ihr begeben und seine Lust an und in ihr gefunden hat (Gärtnerverkleidung, Garten = Schoß/Frau).

Wohin wandte sich dein Geliebter?
Wir wollen ihn suchen mit dir.
2 In seinen Garten ging mein Geliebter $4^{12-16}$
zu den Balsambeeten,
um in den Gartengründen zu weiden,
um Lilien zu pflücken.
3 Meinem Geliebten gehöre ich, $2^{16}$
und mir gehört der Geliebte,
der in den Lilien weidet.
4 Schön wie Tirza bist du, meine Freundin,
lieblich wie Jerusalem,
prächtig wie Himmelsbilder. $V.^{10}$
5 Wende deine Augen von mir,
denn sie verwirren mich.
Dein Haar gleicht einer Herde von Ziegen, $4^{1}$
die von Gilead herabziehen.
6 Deine Zähne sind wie eine Herde von Mutterschafen, $4^{2}$
die aus der Schwemme steigen.
Jeder Zahn hat sein Gegenstück,
keinem fehlt es.
7 Dem Riß eines Granatapfels gleicht deine Schläfe $4^{3}$
hinter deinem Schleier.

8 Sechzig Königinnen (hat Salomo),
achtzig Nebenfrauen
und Mädchen ohne Zahl.
9 Doch einzig ist meine Taube, die Makellose,

$6^{3}$ Siehe zu $2^{16}$, vgl. $6^{2}$.
$6^{4-5b}$ Ein von einem jungen Mann gesprochenes Bewunderungslied. Die Liebeserregung wird als »Schrecken« empfunden. Gemeint ist der anfängliche Widerstreit im Innern eines liebenden Jünglings, der, fasziniert von den Augen seines Mädchens, zwischen Bewahren- und Habenwollen hin- und hergerissen wird. Die Schönheit des Mädchens wird durch den Glanz der Hauptstädte des Nord- und Südreichs ($^{4a-b}$, vgl. 1 Kön $14^{17}$ u. ö.; Klgl $2^{15}$), der von ihr ausgehende »Schrecken« durch die Bedrohlichkeit, die von Truppenverbänden ausgeht, veranschaulicht ($^{4c}$, wörtlich: »furchtbar wie Heerbannscharen« – die Deutung der Einheitsübersetzung »Himmelsbilder« schaut auf $^{10a-c}$ und meint wie in $^{10d}$ Gestirne, Stern- und Tierkreisbilder und deren Pracht; diese Version schwächt den Text ungebührlich in seiner Kraft ab, vor allem aber beachtet sie nicht das Moment des »Schreckens«, das in dem hebräischen '$^{a}$*jummāh* enthalten ist). $^{5a-b}$ bezieht sich auf den oben angesprochenen inneren Widerstreit des Jünglings.
$6^{5c-7}$ Ein nur fragmentarisch erhaltenes Beschreibungslied. Siehe zu $4^{1-7}$.
$6^{8-9}$ Prahllied eines jungen Mannes. Den Hintergrund bildet seine Königsverkleidung: Besäße der junge Mann auch einen ganzen königlichen Harem, so könnte ihm doch dieser nie das eine

die Einzige ihrer Mutter,
die Erwählte ihrer Gebärerin.
Erblicken sie die Mädchen,
sie preisen sie;
Königinnen und Nebenfrauen rühmen sie.

10 Wer ist, die da erscheint wie das Morgenrot,
wie der Mond so schön,
strahlend rein wie die Sonne,
V.[4] prächtig wie Himmelsbilder?
11 In den Nußgarten stieg ich hinab,
um nach dem Sprossen der Palme zu sehen,
7[13] um zu sehen, ob der Weinstock treibt,
die Granatbäume blühen.
12 Da entführte mich meine Seele,
ich weiß nicht wie,
zu den Wagen meines edlen Volkes.

7[1] Wende dich, wende dich, Schulammit!
Wende dich, wende dich,
damit wir dich betrachten.
Was wollt ihr an Schulammit sehen?
Den Lager-Tanz!
2 Wie schön sind deine Schritte in den Sandalen,
du Edelgeborene.

6[12] Die Wiedergabe der Einheitsübersetzung ist einer der vielen Übersetzungsversuche. Die Worte *lō'jāda'tī* »ich weiß nicht« in [b] sehen aus wie die resignierte Randbemerkung eines Abschreibers, die unglücklicherweise in den Text geriet. Der Text ist unklar.

Mädchen aufwiegen, das er liebt und mit dessen untadeliger Schönheit er sich brüstet ([9a]).

6[10] Ein Bewunderungslied, Sprecher: ein junger Mann. Zur Wiedergabe von [10d] siehe oben zu 6[4c]. Am Anfang seiner Liebe ist ein junger Mann hingerissen von der »lichtvollen« Schönheit seines Mädchens, die ihn mit ihrem »Schein« verwirrt und wie in 6[5a-b] zu einer anfänglichen Abwehrreaktion nötigt, weil er sich erst an ihre Nähe gewöhnen muß.

6[11-12] Erlebnisschilderung eines jungen Mannes. Kommentierbar ist nur [11] (siehe textkritische Anmerkung zu [12]). Vgl. zu 6[2]. »Sehen« meint die männliche Erfahrung des Weiblichen im Vollzug der Intimbegegnung. Dieses Weibliche wird als etwas erlebt, das etwas enthalten und eine Frucht hervorbringen kann, als etwas Frisches und Erfrischendes, das den Partner beglückt. Daher ist das Garten- und Fruchtmotiv verwendet.

7[1-6] Auf die Worte eines Männerchores in [1] folgt das einer Braut geltende Beschreibungslied, vorgetragen von einem Bräutigam. Ein hochzeitlicher Parodiertanz zwischen zwei Reihen

Deiner Hüften Rund ist wie Geschmeide,
gefertigt von Künstlerhand.
3 Dein Schoß ist ein rundes Becken,
Würzwein mangle ihm nicht.
Dein Leib ist ein Weizenhügel,
mit Lilien umstellt.
4 Deine Brüste sind wie zwei Kitzlein, $4^{5}$
wie die Zwillinge einer Gazelle.
5 Dein Hals ist ein Turm aus Elfenbein.
Deine Augen sind wie die Teiche zu Heschbon
beim Tor von Bat-Rabbim.
Deine Nase ist wie der Libanonturm,
der gegen Damaskus schaut.
6 Dein Haupt gleicht oben dem Karmel;
wie Purpur sind deine Haare;
ein König liegt in den Ringeln gefangen.
7 Wie schön bist du und wie reizend,
du Liebe voller Wonnen!
8 Wie eine Palme ist dein Wuchs;
deine Brüste sind wie Trauben.
9 Ich sage: Ersteigen will ich die Palme;
ich greife nach den Rispen.

$7^{5b}$ *kibrēkōt* mit G, L, Vg, T; M: »Teiche«.
$7^{6c-d}$ Zu erwägen wäre folgende Lesart und Übersetzung: *keʾargāman mäläk / ʾāsūr bārāhiṭīm* (vgl. $1^{17b}$;) »wie Königspurpur, / befestigt an der Wandtäfelung« (siehe Auslegung).

(»Lagern«) von sie anfeuernden männlichen Hochzeitsgästen (vgl. $^{1}$) leitet zu einer Beschreibung der tanzenden Braut über. Von den Tanzschritten gleiten die Blicke an der Gestalt des Mädchens hinauf: Alles an ihr ist schön und rein wie ihre Augen, die am Hochzeitstag vor Freude weinen und so Wasserteichen an einem Stadttor gleichen $^{5b-c}$ (vgl. $5^{12}$ 2 Sam $2^{13}$ 1 Kön $22^{38}$): die Rundungen der Hüften $^{2c-d}$, der glückverheißende Schoß $^{3}$ (Glück dargestellt als berauschendes Weintrinken aus einer stets nachgefüllten Trinkschale, vgl. $5^{1d-f}$ $8^{2d-e}$. $^{3c-d}$ enthält einen exotischen Hinweis auf die helle Farbe und Gestalt des weiblichen Körpers), der schlanke, hellhäutige Hals $^{5a}$, die aggressiv vorgestreckte semitische Nase $^{5d-e}$, der »hochgehaltene« Kopf mit der festlichen, die einzelnen rot schimmernden Haarsträhnen hervortreten lassenden Frisur (siehe die textkritische Anmerkung oben, vgl. Ri $8^{26}$ – Vergleichspunkt: ein rotes Königsgewand, das an einem Nagel an der Wandtäfelung hängt). Dieses Mädchen ist ein Werk, »gefertigt von Künstlerhand« (Gott) $^{2e}$ und darum in jeder Weise edel und fürstlich $^{2b}$ (Königsverkleidung). – $^{5b}$ »Heschbon«: vgl. Num $21^{27ff}$; $^{5c}$ »Bat-Rabbim«: als Ortsname unbekannt, vielleicht nur ein Symbolname (= »Tochter von Großen« [?]).
$7^{7-10}$ Bewunderungslied eines Jünglings. Das Tun Liebender ist für diese

Trauben am Weinstock seien mir deine Brüste,
Apfelduft sei der Duft deines Atems,
10 dein Mund köstlicher Wein,
der glatt in mich eingeht,
der Lippen und Zähne mir netzt.

11 Ich gehöre meinem Geliebten,
und ihn verlangt nach mir.
$2^{10}$ 12 Komm, mein Geliebter, wandern wir auf das Land,
schlafen wir in den Dörfern.
13 Früh wollen wir dann zu den Weinbergen gehen
$6^{11}$ und sehen, ob der Weinstock schon treibt,
ob die Rebenblüte sich öffnet,
ob die Granatbäume blühen.
Dort schenke ich dir meine Liebe.
14 Die Liebesäpfel duften;
an unsrer Tür warten alle köstlichen Früchte,
frische und solche vom Vorjahr;
für dich hab' ich sie aufgehoben, Geliebter.

$8^{1}$ Ach, wärst du doch mein Bruder,

$7^{10c\text{-}d}$ *leḏōḏaj … / dōbēb śepātaj wešinnāj* mit S; M: »meinem Geliebten … / benetzend der Schlafenden Lippen«.

selbst nach [7] gut und schön, weil genuß- und lustspendend. Das gilt hier für intime Handlungen im Zusammenhang mit der Zuwendung der Gesichter zueinander. Zu [8] siehe zu $7^{6}$.

$7^{11}$ Eine präsentisch gehaltene Erlebnisschilderung eines Mädchens. Zu [8] vgl. zu $6^{3a}$. [b] bejaht das erotische Begehren des Partners, das der eigenen Person gilt; das Mädchen ist sogar stolz darauf (vgl. Gen $3^{16}$).

$7^{12-13}$ Sehnsuchtslied eines Mädchens, das zu einem Ausflug in die freie Natur einlädt, wobei sie dem jungen Mann in Aussicht stellt, daß sie dort seine Wünsche erfüllen wird. Der Frühling kann aber auch hier wie $2^{10-13}$ und $6^{11}$ ein Bild des erotischen Wandlungswunders einer Frau sein. »Land«, »Dörfer« und »Weinberge« sind dann Symbole der Liebe und ihrer fruchtbaren Erfüllung und das gemeinsame »Wandern« und »Gehen« dorthin meint die Entwicklung der beiden Liebenden auf das Ziel der Liebe hin, wie mit dem »Schlafen« und »Sehen« das Erlebnis eben dieses Ziels, der Liebesvereinigung, gemeint ist. Das Mädchen verspricht dem Geliebten die volle Hingabe in dieser Liebesvereinigung [13e]. Übrigens ist das Ganze nur ein Wunsch!

$7^{14}$ Bildlied eines Mädchens. Zum Hintergrund siehe Gen $30^{14-18}$: Die Frau hält für ihren Mann stets duftende Alraunen und andere köstliche Früchte bereit, um ihn damit bei der Heimkehr zu erfreuen. Hier ist dieser Hintergrund nur ein Bild für den Überraschungseffekt einer echten Liebe seitens des Mädchens. Die »Alraune« wurde mit ihren scharf riechenden und winzigen Äpfelchen gleichenden Früchten als Aphrodisiacum verwendet. Sie steht für die Liebe selbst und ihre Faszinationskraft.

$8^{1-2}$ Sehnsuchtslied eines Mädchens.

genährt an der Brust meiner Mutter.
Träfe ich dich dann draußen,
ich würde dich küssen;
niemand dürfte mich deshalb verachten.
2 Führen wollte ich dich,
in das Haus meiner Mutter dich bringen,
die mich erzogen hat.
Würzwein gäbe ich dir zu trinken,
Granatapfelmost.
3 Seine Linke liegt unter meinem Kopf, $2^{6}$
seine Rechte umfängt mich.
4 Ich beschwöre euch, Jerusalems Töchter: $2^{7}$ $3^{5}$ $5^{8}$
Was stört ihr die Liebe auf,
warum weckt ihr sie,
ehe ihr selbst es gefällt?

5 Wer ist sie, $3^{6}$
die aus der Steppe heraufsteigt,
auf ihren Geliebten gestützt?
Unter dem Apfelbaum hab' ich dich geweckt,
dort, wo deine Mutter dich empfing,
wo deine Gebärerin in Wehen lag.

$8^{2d}$ *rimmōnāj* mit G, L, Vg, S (?); M: »(dem Saft) meines Granatapfels«.
$8^{5c-e}$ *ʿōrartīk, ḥibbᵉlātāk ʾimmēk, jōladtēk* mit S; M: Maskulinsuffixe.

Sie wünscht das Ende der Heimlichkeiten herbei (vgl. $1^{7-8}$). Alles angestaute Zärtlichkeitsverlangen möchte sie – im Alten Orient völlig unvorstellbar! – voller Ungestüm an ihm in voller Öffentlichkeit befriedigen, als wäre sie seine Schwester, ohne daß sie jemand deshalb verachten dürfte. Vor allem aber möchte sie ihn nach der Anleitung ihrer in Liebesdingen als sehr lebensklug vorgestellten Mutter aufs innigste mit sich vereinigen. Das Zeitwort *tᵉlammᵉdēnī* läßt sich auch mit »du würdest mich lehren« übersetzen und auf den Geliebten als den »Lehrer« des Mädchens in Liebesdingen beziehen, in dem Sinne, wie man zu sagen pflegt, ein Mann mache ein Mädchen zur Frau.
$8^{3}$ Vgl. zu $2^{6}$.
$8^{4}$ Vgl. zu $2^{7}$.
$8^{5a-b}$ Ein nur fragmentarisch erhaltenes (vgl. $3^{6-8}$) Beschreibungslied, gesprochen von einem Jüngling. Zum Hintergrund siehe zu $3^{6-8}$: Eine Braut wird in das auf einer Anhöhe liegende Haus des Bräutigams heimgeholt. Die »Wüste« symbolisiert das »fürchterliche Alleinsein« (vgl. Gen $2^{18.20}$) des unverheirateten jungen Mädchens. Jetzt darf die Braut, ritterlich von ihrem Bräutigam gestützt, schon jetzt bei ihm geborgen, zur lebenslangen Geborgenheit zu ihm hinaufsteigen und sich dabei noch bewundern lassen (»wer ist sie …?«).
$8^{5c-e}$ Erlebnisschilderung eines jungen Mannes. Das Lied kündet stolz von der Erfahrung eines Jünglings mit einem noch unberührten Mädchen, das unter seinen Händen zur Frau heranreifte. – [c] »Unter einem Apfelbaum«: vgl. zu $2^{3c-d}$, danach = »bei mir, an meinem Körper und unter meiner Zärtlich-

6 Leg mich wie ein Siegel auf dein Herz,
wie ein Siegel an deinen Arm!
Stark wie der Tod ist die Liebe,
die Leidenschaft ist hart wie die Unterwelt.
Ihre Gluten sind Feuergluten,
gewaltige Flammen.
7 Auch mächtige Wasser
können die Liebe nicht löschen;
auch Ströme schwemmen sie nicht weg.
Böte einer für die Liebe
den ganzen Reichtum seines Hauses,
nur verachten würde man ihn.

8 Wir haben eine kleine Schwester,
noch ohne Brüste.
Was tun wir mit unsrer Schwester,
wenn jemand um sie wirbt?

9 Ist sie eine Mauer,
bauen wir silberne Zinnen auf ihr.
Ist sie eine Tür,
versperren wir sie mit einem Zedernbrett.

keit«. d »Hab ich dich geweckt« = »hab ich dich erotisch sensibilisiert«. d-e enthält einen Hinweis auf die Ähnlichkeit von Mutter und Tochter; vgl. 3,4d.

8,6-7 Sehnsuchtslied eines Mädchens. Es kündet von dem Verlangen eines liebenden Mädchens nach unzerreißbarer Gemeinschaft mit dem Geliebten. Das gibt dem weisheitlichen Sammler Gelegenheit, in 6c.f.7 eine Grundsatzaussage über die Liebe zu wagen: Sie ist stark und unwiderstehlich wie Tod und Unterwelt. Man kann sie nicht ungestraft verdrängen noch irgendwie über sie verfügen. Sie spottet dadurch, daß sie alle irdischen Werte übersteigt, der naiven Meinung, man könne sie sich mit Geld – dem gesetzlichen Brautpreis (Ex 22,15f, vgl. Gen 34,12 1 Sam 18,25), der nur den Zweck hatte, den Vater des Mädchens für den Verlust der Arbeitskraft seiner verheirateten Tochter zu entschädigen – kaufen. 6a-b gibt dem Verlangen des Mädchens Ausdruck, wie ein Siegel das man im Altertum entweder an einer Kette oder Schnur am Hals trug, so daß es auf der Brust zu liegen kam (Gen 38,18), oder in Form eines Armbandes am Handgelenk (Jer 22,24), so daß es nicht verlorengehen konnte, untrennbar dem Geliebten zu gehören und dabei gleichsam den Kopf immer an seiner Brust oder auf seinem ritterlich stützenden Arm zu bergen (vgl. 2,6a 8,3a 8,6b). 6e-f handelt vom Feuer der Liebesleidenschaft, dem letzten Grund für den »tödlichen« Charakter der Liebe (6c-d). Die Bilder von 7a-c besagen, daß die Liebe jede Angst vor ihr, jede Antihaltung überwindet.

8,8-10 Selbstschilderung eines Mädchens, die mit 1,5-6 verwandt ist und vielleicht auf den gleichen Dichter zurückgeht. 8-9 enthält das Zitat einer Rede der Brüder des Mädchens zu einer Zeit, als dieses die Pubertät noch nicht

10 Ich bin eine Mauer,
meine Brüste gleichen Türmen.
Da hab' ich in seinen Augen
Gefallen gefunden.

11 Salomo besaß einen Weinberg
in Baal-Hamon;
den Weinberg übergab er Hütern.
Für seine Frucht würde jeder
tausend Silberstücke bezahlen.

12 Mein eigener Weinberg liegt vor mir.
Die tausend laß ich dir, Salomo,
und zweihundert noch denen,
die seine Früchte hüten.
13 Die du in den Gärten weilst,

erreicht hatte: Nur auf den eigenen Profit aus dem Brautpreis für die Verheiratung der Schwester bedacht, überlegten sie, was zu tun sei, um sie »an den Mann« zu bringen. Das »Mauer«-Motiv symbolisiert die Verschlossenheit des Mädchens, das »Tür«-Motiv dessen allzu große Sympathie für potentielle Freier. Mit den »silbernen Zinnen« ist ein hoher Brautpreis gemeint, der das unzugängliche Mädchen für die Freier interessant machen soll nach dem Grundsatz: »Je höher der Preis, desto wertvoller die Ware«, mit dem »Zedernbrett« zum »Versperren« der »Tür« das Einsperren der allzu lebenslustigen Schwester im elterlichen Hause. 10 formuliert die Reaktion des Mädchens auf die verfrühten Überlegungen im »Familienrat«: Sie war in der Tat eine »Mauer«, d.h. sie hat sich nicht weggeworfen, sondern gewartet, bis sich ihre Brüste ganz normal zu vorstehenden »Türmen« entwickelten; die Hast ihrer Brüder blieb ihr unverständlich. Aber sie hat jemanden gefunden, der ihren Widerstand brach, der solange um sie warb, bis sie ihm die »Festung« ihrer selbst übergab und mit ihm »Frieden« *(šālōm* – nicht »Gefallen« wie in der Einheitsübersetzung!) schloß, d.h., bis sie in der Liebe zu ihm, die Be-friedigung ihrer Sehnsüchte fand, ihr Glück und ihre Erfüllung. So hat sie ihre Wahl selbst besser, weil aus Liebe, getroffen, als es die nur auf ihren Profit bedachten Brüder je hätten tun können. Das Ganze ist ein kräftiger Protest gegen Mißbräuche im Zusammenhang mit der Erlangung des Brautpreises und ein klares Plädoyer für die freie Partnerwahl, auch auf seiten des Mädchens.

$8^{11-12}$ Prahllied eines Jünglings, verwandt mit $6^{8-9}$. Der »Weinberg« meint einen königlichen Harem voll »blühender« Mädchen – ein Kontrastbild zu der einzig Geliebten, dem »Weinberg« des jungen Mannes, d.h. der Geliebten, die den Wert eines Harems, symbolisiert durch die Einkünfte, die ein König wie Salomo aus einem guten Weinberg (Wandel der Bedeutung des Bildes!) beziehen würde, unendlich übertrifft. »Baal-Hamon« ist unbekannt; vielleicht handelt es sich um einen symbolischen Namen für Jerusalem oder das Mädchen.

$8^{13-14}$ Wechselgespräch zwischen Jüngling und Mädchen mit Gärtner-

auf deine Stimme lauschen die Freunde;
laß sie mich hören!
$2^{17}$ 14 Fort, fort, mein Geliebter,
der Gazelle gleich,
dem jungen Hirsch
auf den Balsambergen.

verkleidung des Mädchens. Das erotisch unerfahrene Mädchen ruht naiv in seinen Reizen aus und findet zunächst nichts dabei, von vielen jungen Männern beachtet zu werden. Der Sprecher möchte derjenige sein, dem sie sich allein zuwendet, und sei es zunächst auch nur dadurch, daß sie mit ihm spricht (vgl. $2^{14d}$). Sie geht freudig darauf ein und bittet ihn, mit ihr in das Wunderland »erhebender« Liebe (Bergmotiv!) zu fliehen, damit sie sich dort ihrer beider Liebe freuen können (vgl. zu $2^{17}$ $7^{12}$).

## ANHANG: DAS HOHELIED IN DER LITURGIE

Das Hohelied spricht in einer hochpoetischen, zarten und oft verhüllenden Weise über die gegenseitige Liebe von Mann und Frau, über die Hochschätzung, die beide voreinander haben, und über ihre Sehnsucht, miteinander vereint zu sein. Eine Interpretation, die die überaus schönen Bilder verhalten nachzeichnet und dort Aufschluß gibt, wo Hinweise auf die Welt des Alten Orients, auf den Lebensraum und die Lebensweise seiner Menschen dem heutigen Leser unverständlich sind, wird dieser großen Dichtung am ehesten gerecht.

Im Anschluß an die Auslegung muß nun noch von einem Verständnis des Hohenliedes die Rede sein, das in die Zeit des Frühjudentums zurückgeht und für die christliche Kirche wichtig wurde.

In Äußerungen der Frömmigkeit und in der Liturgie behält diese Verwendung des Hld in einem übertragenen, akkommodierten Sinn ihre Bedeutung. Das Hld wird dabei im Blick auf das prophetische Thema der »Ehe« zwischen Jahwe und Israel, in dem das Verhältnis Gottes zu seinem Volk dargestellt wird (Hos 2 Jer 2 Ez $16^{8}$ Jes $54^{4ff}$ $64^{2f}$), bildlich verstanden. Es spricht unter diesem Vorzeichen für christliches Verständnis, das sich der Sinnübertragung wohl bewußt ist, von der Beziehung Christi, des göttlichen Bräutigams (vgl. Mt $9^{18}$ parr $25^{1-10}$), zu seiner Braut, der Kirche (vgl. Eph $5^{22-23}$). In dieses heilbringende Liebesverhältnis sieht sich auch der einzelne einbezogen, und er mag sich in mystischer Gebetssprache von den Aussagen des Hld tragen lassen. Er folgt damit nur der »schon früh belegten Gewohnheit der Mystiker, weltliche Liebeslieder zum Ausdruck mystischer Gottesliebe zu verwenden« (zit. bei Rudolph KAT 88).

Das Hld selbst begünstigt eine solche Anwendung, weil es durch seine Bildsprache, in der von menschlicher Liebe verhüllend und interpretierend gesprochen wird, ein übertragenes Verständnis fördert. Dabei wird die *Metapher* verwendet, eine Redeweise, bei der die Wörter in einer übertragenen, bildhaften Bedeutung genommen werden. Auch die *Allegorie*, eine Verbildlichung von Sachverhalten oder Vorgängen mit Hilfe durchgehend verwendeter Metaphern (vgl. $4^{13}$) findet Verwendung. Beide Redefiguren veranlassen dazu, hinter dem Wortlaut den verborgenen Sinn zu suchen und zu entdecken. Metaphern, die häufig begegnen, Allegorien und »allegorische Bildlieder« (siehe oben 2.), in denen die Liebe von Mann und Frau beschrieben wird, können deshalb dazu anregen, auch diese menschliche Liebesbeziehung als bildliche Rede zu verstehen. Die Königs-Travestie mag dazu beitragen, die Anwendung auf den »Partner« Gott (Christus) zu erleichtern. Schließlich sind es auch theologisch gefüllte Wörter, wie zum Beispiel Weinberg (Jes 5), Garten (Gen 2 Jer $2^{7}$), Herde (Ez 34), die eine Auffassung der betreffenden Texte im übertragenen Sinn nahelegen.

Dieser übertragenen Verwendung muß gewiß für das persönliche Beten des einzelnen auch bei der Ausdeutung von Einzelaussagen Freiheit zugestanden werden. Der Liturgie ist hierin Zurückhaltung geboten. Sie darf sich aber vom Hld dazu anregen lassen, die Beziehung zwischen Christus und seiner Kirche, die von Zuwendung und Zuneigung, Liebe und Hingabe bestimmt wird, zu bedenken. Sie wird dabei auf diese großen Zusammenhänge achten und bei der gleichnishaften Interpretation dem Bild, das der Hoheliedtext entwirft, die Sinngebung der theologischen Aussage vom Verhältnis Christi zu seiner Kirche gegenüberstellen. Das Gesamtthema kommt dabei also immer wieder zur Sprache. Darum wird bei einer solchen Anwendung auch den größeren Zusammenhängen nachgespürt, die der Text des Hld gestattet oder nahelegt. Schon der Redaktor, der die vielen Lieder sammelte, hat Abschnitte markiert, wenn er das »Beschwörungslied« von $2^{7}$ in $3^{5}$ $8^{4}$ wiederholt, und die weiterführenden Fragen in $5^{9}$ und $6^{1}$ binden anscheinend $5^{2}$–$6^{3}$ zu einem Abschnitt zusammen. Unter diesen Aspekten kann das Hld etwa zu folgenden Gedanken anregen:

1. Verlangen nach Liebe und Gemeinschaft ($1^{2}$–$2^{7}$). Die Kirche bittet Gott, bzw. Christus, sie zur seligen Vereinigung hinzuführen, wo Freude herrscht, die alles irdische Glück übertrifft ($1^{2-4}$). Sie weiß von Fehlern und Schwächen, die sie an sich trägt, solange sie an die irdische Wirklichkeit gebunden ist, aber auch von ihrer inneren gottgeschenkten Schönheit ($1^{5f}$). Dieses Wissen steigert nur ihre Sehnsucht, nicht lange umherzuirren, sondern ihren »Bräutigam« zu suchen ($1^{7-9}$). Dieser freut sich an ihrer Schönheit und will sie mit seiner Zuwendung in Huld und Gnade noch schöner machen ($1^{10-17}$). Sie bekennt, daß sie von ihm, dem Unvergleichlichen, auserwählt ist, um zur ewigen Gemeinschaft, zum »Hochzeitsmahl des ewigen Lebens« geführt zu werden. ($2^{1-7}$)

2. Liebendes Suchen und Finden ($2^{8}$–$3^{5}$). Voll Sehnsucht wartet die Kirche auf das Kommen des geliebten Herrn. Er kommt wirklich zu ihr, alle Hindernisse überwindend ($2^{8f}$), und lädt sie ein, alle gewesene Bedrängnis zu vergessen und sich an seiner Anwesenheit zu freuen ($2^{10-14}$). Alle Störungen sollen nun weichen und die volle Gemeinschaft nicht mehr behindern ($2^{15-17}$). Doch das Suchen nach dem »Bräutigam« ist auch der Kirche immer wieder aufgegeben; es gibt Zeiten, wo sie sich verlassen vorkommt, bis er wieder in Erscheinung tritt, so daß sie ihn nicht mehr loslassen möchte ($3^{1-5}$).

3. Die Schönheit »des Bräutigams« und seiner »Braut« ($3^{6}$–$5^{1}$). Christus kommt seiner Kirche in königlicher Herrlichkeit entgegen ($3^{6-11}$) und freut sich an ihrer Schönheit, die ihr in ihren Eigenschaften von Gott gegeben ist ($4^{1-7}$). Bisweilen allerdings scheint sie in der Ferne und bedrängt von ihren Feinden leben zu müssen; aber der Herr ruft sie wieder zu sich und freut sich an ihrer Liebe ($4^{8-11}$). Nur ihm öffnet sie sich, für ihn bewahrt sie sich, um mit aller ihr verliehenen Schönheit, die die mit ihr verbundenen lebendigen Glieder der Kirche ausstrahlen, für ihn da zu sein ($4^{12}$–$5^{1}$).

4. Prüfung und Bewährung der Liebe ($5^{2}$–$6^{10}$). Es gibt Zeiten in denen die Liebe der Kirche zu ihrem »Bräutigam« auf die Probe gestellt wird, dann, wenn er, obwohl sie nach ihm »die Hände ausstreckt«, fern ist oder zu sein

scheint, und wenn Verfolgungen sie mißhandeln ($5^{2-8}$). Dann kommt es darauf an, sich zu dem unvergleichlichen Herrn in treuer Liebe zu bekennen, der alle irdischen Werte unendlich weit übertrifft ($5^{9-16}$). Ihre Treue wird durch seine wiederum erfahrene Nähe belohnt ($6^{1-3}$), und er selbst preist sie, die »wahre Stadt« Gottes, die eine Auserwählte, vor der alle geschaffene Schönheit nur ein Bild ist und im Schatten steht ($6^{4-10}$).

5. Freude und Frucht der liebenden Beziehung ($6^{11}$–$8^{4}$). Die Kirche weiß, daß Christus sich liebevoll um sie kümmert ($6^{11f}$). Sie findet, jedoch erst in ihrer dereinst vollendeten Gestalt, die Bewunderung aller ($7^{1-6}$), auch ihres »Bräutigams«, der ihr dann die volle Vereinigung gewähren wird ($7^{7-10}$). Sie antwortet mit ihrer Bereitschaft ($7^{11-14}$) und bekundet ihren Willen zur Hingabe an ihn ($8^{1-4}$). Dann findet ihre Liebe ihre Erfüllung.

6. Die Vollendung der Liebesbeziehung ($8^{5-14}$). Christus ist mit seiner Kirche in unüberwindlicher Liebe verbunden; dadurch ist das Verhältnis zwischen beiden in Festigkeit und Dauer »besiegelt« ($8^{5-7}$). Darum ist sie der endgültigen Vereinigung sicher und kann zuversichtlich auf sie warten ($8^{8-10}$). Sie ist ja »nicht um einen vergänglichen Preis losgekauft« worden ($8^{11f}$), »nicht um Silber oder Gold, sondern mit dem köstbaren Blut Christi, des Lammes ohne Fehl und Makel« (1 Petr $1^{18f}$). Ihm allein wird sie in Seligkeit ewig verbunden sein ($8^{13f}$).

In der Feier des Stundengebetes wird das Hohelied zwischen den Festen der Geburt und der Erscheinung des Herrn nach der Leseordnung des Jahres II gelesen. Die Kirche vergegenwärtigt und erlebt in diesen Tagen, daß die Liebe Gottes zu seinem Volk vor allem und letztlich in Jesus Christus Gestalt angenommen hat. Sie spricht als »Braut« von und zu ihrem »Bräutigam« Christus (πρὸς τὸν νυμφίον τὸν χριστόν Codex Sinaiticus vor $1^{7}$) und läßt sich demgemäß von ihm ansprechen.

In der Feier der Hl. Messe wird am 21. Dezember (Lesejahr I) mit $2^{8-14}$ das nahe bevorstehende Kommen Christi zum Ausdruck gebracht, bei der Jungfrauenweihe oder Ordensprofeß (5. Lesung) mit $2^{8-14}$ der Beginn einer besonders engen Gemeinschaft mit dem geliebten Herrn und (6. Lesung), wie auch beim Fest heiliger Jungfrauen (Commune 1), mit $8^{6-7}$ die Macht der Liebe, während die 1. Lesung am Fest der heiligen Maria Magdalena ($3^{1-4a}$) vom Suchen und Finden dessen spricht, »den meine Seele liebt«. Bei Trauungsmessen hingegen (5. Lesung), wo das Hohelied ganz naturgemäß seinen Platz als Bejahung der vom Schöpfer gestifteten Liebe zwischen Mann und Frau hat, wird mit $2^{8-10.14.16a}$ $8^{6-7a}$ auf die nun beginnende eheliche Gemeinschaft hingewiesen, die von einer unverbrüchlichen, durch nichts zu erschütternden oder auszulöschenden Liebe getragen werden muß.

Josef Schreiner

# ABKÜRZUNGEN

*Alttestamentliche Bücher*

| | |
|---|---|
| Gen | Genesis |
| Ex | Exodus |
| Lev | Levitikus |
| Num | Numeri |
| Dtn | Deuteronomium |
| Jos | Josua |
| Ri | Richter |
| Rut | Rut |
| 1 Sam | 1 Samuel |
| 2 Sam | 2 Samuel |
| 1 Kön | 1 Könige |
| 2 Kön | 2 Könige |
| 1 Chr | 1 Chronik |
| 2 Chr | 2 Chronik |
| Esra | Esra |
| Neh | Nehemia |
| Tob | Tobit |
| Jdt | Judit |
| Est | Ester |
| 1 Makk | 1 Makkabäer |
| 2 Makk | 2 Makkabäer |
| Ijob | Ijob |
| Ps | Psalmen |
| Spr | Sprichwörter |
| Koh | Kohelet |
| Hld | Hoheslied |
| Weish | Weisheit |
| Sir | Jesus Sirach |
| Jes | Jesaja |
| Jer | Jeremia |
| Klgl | Klagelieder |
| Bar | Baruch |
| Ez | Ezechiel |
| Dan | Daniel |
| Hos | Hosea |
| Joël | Joël |
| Am | Amos |
| Obd | Obadja |
| Jona | Jona |
| Mi | Micha |
| Nah | Nahum |
| Hab | Habakuk |
| Zef | Zefanja |
| Hag | Haggai |
| Sach | Sacharja |
| Mal | Maleachi |

*Neutestamentliche Bücher*

| | |
|---|---|
| Mt | Matthäus |
| Mk | Markus |
| Lk | Lukas |
| Joh | Johannes |
| Apg | Apostelgeschichte |
| Röm | Römerbrief |
| 1 Kor | 1. Korintherbrief |
| 2 Kor | 2. Korintherbrief |
| Gal | Galaterbrief |
| Eph | Epheserbrief |
| Phil | Philipperbrief |
| Kol | Kolosserbrief |
| 1 Thess | 1. Thessalonicherbrief |
| 2 Thess | 2. Thessalonicherbrief |
| 1 Tim | 1. Timotheusbrief |
| 2 Tim | 2. Timotheusbrief |
| Tit | Titusbrief |
| Phlm | Philemonbrief |
| Hebr | Hebräerbrief |
| Jak | Jakobusbrief |
| 1 Petr | 1. Petrusbrief |
| 2 Petr | 2. Petrusbrief |
| 1 Joh | 1. Johannesbrief |
| 2 Joh | 2. Johannesbrief |
| 3 Joh | 3. Johannesbrief |
| Jud | Judasbrief |
| Offb | Offenbarung des Johannes |

*Sonstige Abkürzungen*

| | |
|---|---|
| Aq | Aquila |
| AT | Altes Testament |
| atl | alttestamentlich |
| chr/chron | chronistisch |
| D | Deuteronomist |
| diff | im Unterschied zu |
| dtn | deuteronomisch |
| dtr | deuteronomistisch |
| Dtr | Deuteronomistisches Geschichtswerk |
| DtrH | historischer Deuteronomist |
| DtrN | nomistischer Deuteronomist |

| | |
|---|---|
| DtrP | prophetischer Deuteronomist |
| E | Elohist |
| EÜ | Einheitsübersetzung |
| G | Septuaginta |
| H | hebräischer Text |
| HG | Heiligkeitsgesetz |
| Hier | Hieronymus |
| Hs(s) | Handschrift(en) |
| J | Jahwist |
| Je | Jehowist |
| korr | korrigiert |
| La | Vetus Latina |
| M | Masoretischer Text |
| Mur | Murabba'at |
| NT | Neues Testament |
| ntl | neutestamentlich |
| P | Priesterschrift |
| Par | Parallele |
| par | parallele Stellen |
| Pg | Priesterschrift, Grundschicht |
| Pt | Pentateuch |
| Q | Qumran-Hss |
| R | Redaktor |
| S | Syrische Übersetzung |
| Sm | Pt der Samaritaner |
| Sym | Symmachus |
| T | Targum |
| Th | Theodotion |
| V | Vers |
| VV | Verse |
| Vg | Vulgata |
| NVg | Neo-Vulgata |
| Übs(s) | Übersetzung(en) |

Bei Randverweisen am Bibeltext:

| | |
|---|---|
| ‖ | zeigt Parallelstellen an |
| + | gibt die Grundstelle oder Stellen an, wo wichtige Begriffe erläutert werden. |
| ↗ | verweist auf abhängige, insbesondere ntl Stellen. |

*Umschrift der hebräischen Lautzeichen*

| | |
|---|---|
| Aleph | ’ |
| Bet | b |
| Gimel | g |
| Dalet | d |
| He | h |
| Waw | w |
| Zajin | z |
| Chet | ḥ |
| Tet | ṭ |
| Jod | j |
| Kaph | k |
| Lamed | l |
| Mem | m |
| Nun | n |
| Samek | s |
| Aijn | ‘ |
| Pe | p bzw. f |
| Sade | ṣ |
| Qoph | q |
| Resch | r |
| Sin | ś |
| Schin | š |
| Taw | t |
| Qames | ā |
| Patach | a |
| Sere | e, ē |
| Segol | æ |
| Chireq | i, î |
| Cholem | o, ō |
| Qames chatuph | ò |
| Schureq | ū |
| Qibbus | u |
| Sch$^{e}$wa mobile | e (hochgestellt) |
| Chateph | a, æ, o (hochgestellt) |

( ) erklärender Zusatz des Übersetzers
[ ] unechter Text bzw. alte Zusätze

*Handbücher, Sammelwerke, Zeitschriften*

| | |
|---|---|
| ATD | Das Alte Testament Deutsch. |
| BA | Biblical archeologist. |
| BK (AT) | Biblischer Kommentar. |
| BZ (N.F.) | Biblische Zeitschrift. |
| EB | Die Heilige Schrift in deutscher Übersetzung. »Echter Bibel«. |
| HAT | Handbuch zum AT. |
| HSAT | Die Heilige Schrift des AT, hrsg. v. Franz Feldmann/Heinrich Herkenne. |
| JBL | Journal of biblical literature. |
| JLW | Jahrbuch für Liturgiewissenschaft. |
| KAT | Kommentar zum AT. |
| ThQ | Theologische Quartalschrift. |
| ThR (N.S.) | Theologische Rundschau. |
| VT | Vetus Testamentum. |
| ZAW | Zeitschrift für die alttestamentliche Wissenschaft. |